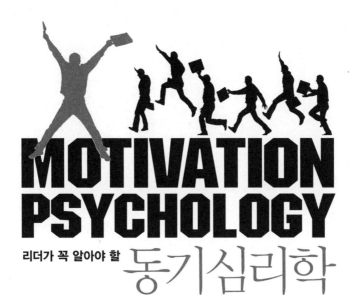

MOTIVATION PSYCHOLOGY

리더가 꼭 알아야 할 **동기심리학**

도흥찬 저

학지사

동기심리학 학습의 목적

요즘 심리학에 대한 관심이 커지면서 이와 관련된 책도 많이 출간되고 있다. 필자는 대학원에서 동기심리학을 오랫동안 강의했다. 동기심리학 첫 시간에 학생들에게 항상 하는 질문이, "동기심리학을 학습하면 어떤 이득이 있을까요?"이다.

성인학습에서는 구체적인 이득이 있어야 열심히 공부할 것이다. 동기심리학 학습의 구체적인 이점을 많이 열거할 수 있겠지만 다음의 두 가지로 정리해 본다.

첫째, 동기심리학을 공부하면 자신의 동기수준을 높이고 유지하는 방법을 찾는 데 도움이 된다. 대개 동기가 낮은 사람보다 동기가 높은 사람이 성공한다. 저명한 뇌과학자인 삼성서울병원 나덕렬교수는 리더십이 뛰어난 CEO(최고 경영자)를 모아 MRI를 활용하여 뇌 사진을 찍어 보았다고 한다. 그 결과, 리더십이 뛰어난 CEO 그룹이 일반인 그룹보다 뇌의 부위 중 동기활성화와 관련된 전두엽의 동기센터에 해당하는 부분이 두꺼운 것을 발견했다.

CEO들은 일반인보다 의욕과 열정이 높은데, 이러한 차이가 뇌의 동기센터 피질에서 두께의 차이로 나타난 것이다. 경영자들과 업무적으로 만나 얘기를 나눠 보면, 대부분의 경영자가 직장에서 성공하기 위해서는 지능이나 학력보다 의욕과 열정이 더 중요하다고 말한다. 높은 동기와 의욕을 갖는 것은 뛰어난 사람이 되고 조직에서 성공하는 데 매우 중요한 요소이다. 세계 최고의 건축 소프트웨어 제작 회사로 유명한 마이다스아이티의 이형우 사장도 뛰어난 직원이란 좋은 대학을 나오고 지식을 많이 가진 사람이 아니라 동기가 높은 사람이라고 자주 말했다. 그는 직원을 채용할 때 동기수준이 높은 직원을 뽑는 것에 가장 중점을 둔다고 여러 번 강조했다.

둘째, 동기심리학을 공부하면 회사의 직원이나 자녀 등 다른 사람의 동기수준을 올리고 유지하는 데 필요한 지식을 얻을 수 있다. 직원들의 동기가 높으면 기업에서 좋은 성과를 이루는 데 도움이 된다. 이러한 이유로 인해 리더는 직원들의 동기수준을 높이는 방법을 찾고 싶어 한다. 특히 이런 목적에서 동기심리학 공부가 도움이 될 것이다.

어떻게 하면 인간의 동기를 올릴 수 있을까? 그 방법을 심리학을 통해 학습하고 그 지식을 현장에서 적용하면 자신의 변화와 타인의 성장에 도움이 될 것이라 생각한다.

이 책의 특징

이 책은 심리학 이론서가 아니다. 필자가 동기심리학을 조직에 적용하고 활용한 방법에 대한 경험과 통찰을 담은 것으로, 조직의 성장과 변화를 위한 구체적인 방법을 제시한 자기개발서이다.

책의 내용은 대학 강의실에서 강의한 내용, 심리학 전공서적에서 배우고 학습한 전문 지식도 있지만 많은 부분은 일의 세계에서 상사와 동료, 고객 그리고 삶의 현장에서 만난 훌륭한 스승들의 가르침이 바탕이 되었다. 또한 조직의 리더로서 동기심리학을 조직에 어설프게 적용하면서 시행착오를 겪은 경험도 녹아 있다.

심리학 이론과 삶의 현장에서의 경험과 통찰을 적절하게 혼합하려고 노력하였으며, 부족하지만 나름대로 동기심리학의 이론보다는 실용적인 사용법에 대해 관심을 갖고 집필하였다.

차례

나를 제대로 아는 것이 셀프 동기부여　　　　55

 ## 외적 동기를 잘 사용하는 방법　　　　71

 ## 내적 동기의 뿌리는 자기 결정권　　　　91

01

동기의 높고 낮음의 판단 기준

기업에서 자주 사용하는 말 중에는 '동기가 떨어졌다.' '동기를 높이자!!' '저 친구는 동기가 높아.' '저 친구는 동기가 낮아.' 등이 있다. 또한 사장은 인사담당자에게 동기가 높은 직원을 뽑아야 한다는 말을 자주 하는데 그렇다면 동기가 높다 또는 낮다고 판단하는 기준이 무엇인가? 이러한 동기가 높고 낮음의 판단 기준을 알 수 있다면 나와 타인의 동기유발에 도움이 될 것이다.

동기가 높은 행동의 특성

동기란 행동의 이유 및 원인을 말하기 때문에 어떤 행동을 하는 사람 중에 동기가 없이 하는 행동은 없다. 단지 행동을 할 때 동기가 높은가 낮은가의 차이가 있을 뿐이다. 우리의 관심 주제는 동기에 대한 정의보다 '어떻게 목적을 달성하는 동기를 높일 것인가?', 즉 높은 동기를 만들고 유지할 수 있는지가 관심사이다.

어떤 사람이 일을 할 때 그 일에 관해 동기가 높은지 낮은지 관찰을 해 보면 쉽게 알 수가 있다. 동기가 높은 직원의 행동 특징은 일을 할 때 목표가 분명하고 에너지가 높아서 빨리 힘 있게 열정적으로 일하고, 일을 시작한 후, 어려움이 있어도 쉽게 포기하지 않고 지속성을 유지한다.

반면, 동기가 낮은 사람은 활동성의 에너지가 낮고, 조금만 어려움이 닥쳐도 그만두기 때문에 목표를 달성하지 못하고 끝마무리를 못해 매사에 소극적이라는 말을 듣는다.

예를 들어, 동기가 높은 사람은 토익 900점을 따겠다는 목표를 설정하면 열심히 학원 다니고 공부하고 자신이 원하는 점수를 딸 때까지 지속적으로 노력해서 목표를 달성한다. 반면에 동기가 낮은 사람은 학원에 등록해서 공부를 시작은 하나, 회사 일이 바쁘면 자주 빠지고 중간에 조금만 어려운 일이 생기거나 유혹이 생기면 쉽게 포기를 한다.

정리하면 심리학에서는 목표를 달성하는 동기가 높은 행동은 세 가지 특성이 있다. 세 가지 특성에 대해 구체적으로 살펴보자.

행동의 목적성

여행을 하던 수도사가 많은 일꾼 가운데 바윗덩이를 바쁘게 망치질하는 일꾼에게 다가가 물었다.

"여기서 무슨 일을 하고 있나요?"

첫 번째 일꾼은 하던 일에서 눈을 떼지 않고 대답했다.

"잘 모르겠소. 나는 이 바위를 상사가 시키는 대로 일정한 크기를 만들기 위해 깨뜨리고 있지요."

수도사는 현장을 거닐다 또 다른 비슷한 일꾼을 만나서 물어보았다.

"여기서 무슨 일을 하고 있나요?"

두 번째 일꾼은 다음과 같이 대답했다.

"저기 30미터 앞에 큰 성당이 들어설 것입니다. 저는 그 성당의 기둥이 올라갈 주춧돌을 깎고 있어요."

첫 번째 일꾼보다 두 번째 일꾼이 자신의 행동에 대한 목적과 방향성이 좀 더 뚜렷하다. 모든 동물과 인간은 목적을 달성하기 위해서 행동을 한다. 먹이와 짝을 찾는 것과 같은 목적달성 행동을 열심히 하지 않았다면 종의 생존은 불가능했을 것이다.

목적이 불명확한 행동보다 구체적인 목적지향적 행동을 하는 사람이 동기가 높은 사람이다. 예를 들어, 걷는 행동도 목적에 따라 다르다. 목적이 명확하지 않다면 그냥 천천히 방향성이 없이 걸을 것이다. 그러나 운동이 목적이라면 좀 더 근육을 역동적으로 움직이려고 노력할 것이고, 시간 내에 도달해야 할 목적이 있다면 빨리 걸을 것이고, 패션모델처럼 다른 사람에게 매력적으로 보이는 것이 목적이라면, 어떻게 하면 멋지게 보일까 자세에 신경을 써서 걸을 것이고, 데이트가 목적이라면 옆 사람을 배려하며 보조를 맞추면서 걸을 것이다. 단순히 걷는 행동도 목적의 명확성에 따라 동기가 달라진다.

먹는 행동도 그냥 먹는 것이 아니라 구체적인 목적을 인식할 때 동기가 높은 행동이 된다. 예를 들어, 다이어트를 위해서 먹는 것,

체력을 키우기 위해서 먹는 것, 건강을 유지하기 위해서 먹는 것, 사교 생활을 위해서 먹는 것 등 그 목적에 따라 먹는 행동이 달라진다. 당신이 먹을 때 구체적인 목적을 인식하고 있는가에 따라 먹는 내용도 먹는 행위도 달라진다.

목적을 명확하게 인식하고 목적에 부합한 행동을 하려고 노력하는 것을 동기가 높은 행동이라고 하고 목적 인식이 약하거나 목적달성과 관련성이 낮은 행동을 동기가 낮은 행동이라고 대개 말한다.

회사에서 상사가 일을 기계적으로, 습관적으로 하는 김 대리를 보고,

"김 대리는 도대체 무슨 생각을 갖고 일을 하고 있지?"

이렇게 말한다면, 그 말은 김 대리가 일의 구체적 목표와 방향성을 인식하지 않고 일하기 때문에 의욕과 열정이 없어 보인다는 뜻의 말이다.

목표가 없는 사람은 옆에서 바라보면 '배가 강 위에서 정처 없이 바람 부는 대로 왔다 갔다 하는 모양새'로 보인다. 운전을 하다 보면 갑자기 앞차가 우왕좌왕해서 뒤에서 운전하는 사람을 헷갈리게 하는 경우가 간혹 있는데, 그 운전자는 잠시 자기가 가야 할 길의 방향을 잃은 것이다. 인생도 마찬가지이다. 자신이 가야 할 목표를 잃어버리면 우왕좌왕하면서 혼란 속에 빠지고 그 자리에 멈추거나 가더라도 힘없이 간다.

동기가 높은 행동의 첫째 요소는 행동의 구체적인 방향성의 인식 여부이다. 따라서 동기를 높이기 위해서는 "나는 지금 무엇을 달성하고자 하지?"와 같은 질문을 스스로에게 하면서 자신의 행동의 목적성, 방향성, 구체성을 질문해 보는 것이 좋다.

행동의 지속성

직장인들은 시간이 없기 때문에 영어공부를 위해 저녁반 과정보다 아침반 과정을 선호한다. 필자도 아침에 영국문화원 영어코스를 다녔다. 처음에는 많은 사람이 등록하나, 10주 코스가 끝날 때까지 공부하러 오는 사람은 반도 안 된다. 특히 가을에 시작하는 과정은 겨울이 다가오면 많이 그만둔다. 겨울 아침은 어둡고 추워서 아침에 나오는 것이 힘들기 때문이다.

많은 사람이 새해가 시작되면 영어학원에 등록하고 다이어트 계획을 세우고 자격증 시험을 준비한다. 하지만 영어학원에 등록해서 끝까지 다니는 사람이 많지 않고 다이어트는 번번이 실패하고 각종 자격증 시험공부도 중도에 많이 포기한다.

높은 동기 행동의 두 번째 특성은 '행동의 지속성'이 높은 사람이다. 많은 사람이 새로운 계획을 세우고 이것저것 시작은 잘하지만 어려움과 역경이 닥치면 슬그머니 그만둔다. 동기가 높은 행동의 특성은 목표를 달성할 때까지 중간에 어떤 어려움이 있어도 밀어

붙이는 끈질김과 지속성의 요소를 갖고 있다.

심리학자들의 연구에 의하면 '행동의 지속성'의 이유는 행동의 결과에 따른 긍정적 보상과 쾌감(快感)이 존재하기 때문이라고 말한다. 그래서 게임이나 TV시청 쇼핑과 같이 행동 후 즐거움이 바로 따르는 행동은 의도적인 노력을 안 해도 행동의 지속이 잘 된다.

그러나 어떤 일을 한 뒤 실패를 경험하고 고통과 괴로움이 생기면 하던 일을 지속하기보다 바로 그만두기가 쉽다. 쾌락을 추구하고 고통을 피하고 하는 것이 인간의 본질적인 속성이기 때문이다.

등산을 할 때 산을 올라가다 너무 힘들어서 고통을 참지 못하고 중간에 내려가는 사람은 지금의 고통과 앞으로 예상되는 고통을 계속 경험하기 싫기 때문이다.

고통 뒤 정상에서 기쁨을 맛본 경험이 많은 사람은, 산을 올라가는 과정이 힘들어도 잘 포기하지 않는다. 고통 뒤 더 큰 즐거움과 쾌락이 기다리고 있다는 것을 학습을 통해 알고 있기 때문이다.

마찬가지로 새롭고 어려운 일을 잘 추진하는 사람들은 추진하는 과정에서 힘든 일을 많이 겪으나, 그것을 극복했을 때 더 큰 보상이 돌아온 것을 알기 때문에 지금 당장이 힘들다고 해서 잘 포기하지 않는다.

동기가 낮은 행동은 어렵고 힘든 일이 생기면 금방 포기하지만, 동기가 높은 행동은 어려움과 고통은 더 좋은 것을 얻기 위한 하나의 과정일 뿐이고, 고통을 오히려 성공과 목표달성에 가까워진다는 '사전 신호'로 받아들이고 하던 행동을 지속한다.

어떤 목표 추구 행동에도 힘든 일은 반드시 생기고 고통이 수반된다. 힘들어도 참고 버티고 지속하는 행동이 높은 동기 행동이다.

행동의 강렬함

김 대리는 얼굴표정이 없고 생동감이 없다. 사람을 보고 잘 웃지도 않는다. 회의시간에도 적극적으로 참가하지 않고 시키면 마지못해 한다는 듯이 천천히 느릿느릿하게 일한다. 열정이나 의욕이 느껴지지 않고 매사에 심드렁하다. 함께 일하는 박 부장의 입장에서는 답답함이 느껴진다.

"저 친구 왜 저렇게 의욕이 없는 거야?"라는 말이 나온다.

동기가 낮은 행동은 목표 추구 행동에서, 강렬함과 에너지가 느껴지지 않는다. 말할 때도 활력이 없이 힘없이 얘기하고 행동할 때도 느리다. 표정도 밝지 않아서 에너지가 느껴지지 않는다. 반대로 동기가 높은 사람은 눈빛이 살아 있고, 말도 정열적으로 하고 얼굴표정에는 미소와 웃음이 있고 행동도 신속하고 힘차서 옆에 있어도 기분이 좋아지고 에너지가 느껴진다.

동기가 높은 행동에는 강렬함과 에너지가 느껴진다. 무엇을 시켜도 활력이 있고 즐겁게 빠르게 해내고 열정적으로 일을 한다. 동기가 높은 직원을 채용하면, 손님이 오면 밝게 웃고 인사도 잘하고, 손님이 문제를 제기하면 적극적으로 문제를 해결하려고 한다.

반면, 동기가 낮은 직원은 자발적으로 잘 얘기하지 않고 소극적이고 묻는 것에만 대답을 하고 가능하면 귀찮은 일을 안 만들려고 하기 때문에 힘든 상황이 오면 적극적으로 해결하려고 하기보다 회피하는 모습을 보인다.

사람의 행동에서 열정은 대부분 그 사람이 가진 감정과 신체적 에너지에서 발견하고 느끼는 경우가 많다. 같이 일하고 있는 직원이 열정이 없다고 느껴지는 핵심적 요소는, 첫째, 그 일을 좋아하지 않는다는 '감정의 표현방식'과, 둘째, 일을 할 때 보이는 '소극적인 신체적 행동'이다.

따라서 상사에게 또는 고객에게 열정을 보여 주기 위해서는, 첫째, 지금 자신이 하고 있는 일을 좋아한다는 감정을 행동으로 보여 주어야 한다. 감정 전달의 대부분은 얼굴표정과 목소리에서 나온다. 입사 면접을 볼 때 얼굴이 밝고 목소리에서 자신감이 묻어나고 분명하고 힘있게 얘기하면 면접관이 좋은 점수를 준다.

사람들은 열정적인 사람을 좋아한다. 왜냐하면 상대방의 열정이 내게 전염되기 때문이다. 회사도 열정적인 직원을 뽑고 싶듯이, 고객들도 열정적인 직원에게 물건을 구매하고 싶어 한다.

열정을 보여 주기 위해서는 좋아한다는 감정과 신체를 적극적으로 사용하는 것이 좋다. 그럴 때 주변 사람은 당신을 열정적인 사람으로 인식할 것이고 본인 스스로도 기분이 좋아질 것이다.

02

동기부여를 하려면
감정을 공부해야 한다

'정서가 바로 동기이다.'라고 말할 수 있을 정도로 어떤 종류의 정서를 갖는
가에 따라 의욕이 달라진다. 기분이 좋으면 의욕이 올라가고, 우울하거나 실
망감을 느끼면 의욕이 떨어지는 것을 누구나 경험해 보았을 것이다.
의욕과 열정에 도움을 주는 정서를 목표일치(긍정적) 정서라고 하고 의욕을
떨어뜨리는 정서를 목표불일치(부정적) 정서라고 한다.
정서가 구체적으로 어떻게 동기에 영향을 끼치는지 살펴보고, 높은 동기를
유지하기 위해 부정적 정서를 긍정적 정서로 전환시키는 정서조절 방법도 살
펴본다.

목표달성을 도와주는 감정

　즐거우면 일도 열심히 하게 되고, 강의도 열심히 듣게 된다. 또 기분이 좋은 상태인 고객은 물건도 잘 산다. 그래서 우린 모두 사람을 기분 좋게 만들려고 한다.

　즐거움과 같은 긍정적 정서는 '목표달성을 도와주는 정서'로 분류된다. 행동과 관련된 뇌의 기본 반응은 두 가지 메커니즘으로 나눌 수 있다. 하나는 쾌감이고 다른 하나는 불쾌감이다. 신경세포는 쾌감을 느끼면 행동이 활성화되고 불쾌감을 느끼면 행동이 억제된다. 어떤 행동을 한 후 즐거움과 재미가 따르면 쾌감을 느끼기 때문에 그 행동이 활성화된다. 어떤 행동을 한 뒤 처벌을 받거나 수치의 감정을 느끼면 그 행동은 억제된다.

예를 들어, 책을 읽었는데 재미가 있고 보상도 생기면 독서행동이 활성화되고, 책을 읽었는데 재미가 없고 비난까지 받게 되면 독서행동은 억제된다. 따라서 사람들이 목표달성 행동을 하게 만들려면 행위 후 긍정의 감정을 만들어야 하고, 어떤 행동을 하지 않게 하려면 행위 후 부정적인 감정을 만들면 된다. 인간은 본질적으로 즐거움과 쾌락을 추구하고 고통과 수치심을 피하려고 하는 존재이다. 먼저 목표달성에 도움을 주는 정서인 즐거움의 동기적 속성을 살펴본다.

☑ 동기부여의 시작은 좋은 감정을 갖게 하는 것이다

심리학자가 사람을 두 그룹으로 나누어, 한 그룹에게는 일정 기간 동안 몸에 좋은 운동을 본인의 의사와 상관없이 강제적으로 시키고 다른 한 그룹은 자신이 좋아하는 일을 자유롭게 하게 한 뒤, 신체 건강 상태를 체크해 보았더니 자신이 좋아한 일을 한 사람이, 몸에 좋은 운동을 강제적으로 한 사람보다 더 건강해졌다고 한다.

물론 이 연구는 몸이 건강한 사람들을 대상으로 한 연구이기 때문에 일반화에 어려움이 있을 것이다. 그래도 이 연구는, 강제적으로 운동해서 감정이 나빠지기보다 자기가 좋아하고, 즐거운 일 (work)을 하는 것이 우리를 더 건강하게 만들 수 있다는 것을 시사하는 의미 있는 연구이다.

운동이 건강에 좋다는 과학적인 연구가 수도 없이 많이 나오지

만, 몸에 좋다는 운동조차도 자기가 '좋아하고 즐겁지' 않으면 건강
에 도움이 되지 않듯이, 좋아하는 일을 즐겁게 하는 것이 몸과 마
음을 건강하게 만드는 비결이다.

우리는 평생 일을 한다. 직장인이라면 하루 중 가장 많은 시간을
직장에서 일하면서 보낸다. 그런데 자신이 하는 일을 좋아하지 않
는다면 건강이 나빠질 수도 있고 의욕도 나지 않고 더욱이 자기 발
전도 없을 것이다.

김연아가 올림픽 금메달을 딴 후, TV에서 김연아 특집 방송을
했다. 인터뷰에서 캐나다인의 오서 코치는 "김연아를 처음 만났을
때 그녀는 잠재력이 매우 높고 태도도 훌륭하고 연습도 열심히 했

으나 얼굴이 굳어 있고 연습을 즐기지는 못했다."라고 말했다.

오서 코치가 김연아와 함께하는 훈련에서 가장 먼저 역점을 둔 것은, 김연아가 피겨를 진정으로 좋아하고 연습과정을 즐기도록 만들기 위해, 훈련 중 장난도 치고 유머도 하며 좋은 분위기를 조성하는 것이었다. 그는 무엇이든 좋아해야 오래할 수 있다고 생각했기 때문에 피겨 스킬을 가르치는 것보다 먼저 피겨를 좋아하고 즐기게 하는 데 많은 노력을 기울였다고 말했다.

선생님이 학생들에게 공부 잘하는 방법을 알려 주고, 학습 내용을 효율적으로 잘 가르치는 것도 중요하지만 공부를 시작할 때 학생들이 '공부는 재미있는 것이다.'라는 것을 경험하도록 학습시키는 것이 장기적으로 아이의 학습 동기 향상에 도움이 될 것이다.

심리학자 벤자민 블룸은 120명의 세계적인 수준의 피아니스트, 수영 선수들 그리고 테니스 선수들에게 그들을 가르친 첫 번째 선생님의 실력 수준을 평가하도록 했더니, 선생님의 실력 수준이 훌륭하다는 사람은 14%에 불과했고 평균 정도의 수준이라고 말한 사람이 62%에 달했다.

벤자민 블룸은 이 조사 결과에 너무 놀랐다. '세계적인 스타를 가르친 선생님들의 실력 수준이 평균밖에 되지 않다니? 그렇다면 교사의 실력과 능력이 제자들을 뛰어난 인재로 가르치는 데 중요한 요소가 아니지 않는가?'하는 의문을 가졌다. 그래서 좀 더 심층 조사를 하기로 마음을 먹고 학생들이 평균이라고 말한 교사들의 특징들을 구체적으로 적으라고 했더니 그들은 다음과 같은 내용을 적었다.

- 어린아이들과 굉장히 잘 지내는 분이었어요.

- 아주 친절하고 다정한 분이었죠.

- 어린이를 좋아하고 정말 다정하셨어요. 나도 그분을 좋아했어요.

- 우리는 굉장히 좋은 관계였어요.

- 인내심이 무한한 분이었고, 심하게 밀어붙이지 않았어요.

- 허쉬 초콜릿과 악보에 붙일 금색 별이 가득 들어 있는 커다란 바구니를 갖고 다니셨죠. 나는 선생님을 아주 좋아했어요.

- 레슨을 받으러 가는 건 몹시 신나는 일이었어요.

세계적으로 성공한 제자들을 키운 선생님은 아이들이 뭔가 새로운 것을 배우는 학습 초기에, 학습 내용을 잘 가르치는 것보다 아이들이 자신이 배우는 피아노나 테니스를 좋아하도록 만들었다.

성공한 사람들의 인터뷰를 방송이나 잡지에서 접해 보면 그들의 공통점은 대부분 자기가 하고 있는 일을 좋아한다고 말했다는 것이다. 좋아해야 자주 보고, 공부하고 연습할 것이다. 좋아하지 않으면 동기가 생기지 않고 발전도 이루어지지 않는다. 무엇을 좋아하게 만드는 것이 동기부여의 첫걸음이다.

☑ 좋아하고 싫어하는 감정은 학습 가능한가

사람들은 대부분 자신이 좋아하는 일을 하고 싶어 한다. 그러나 회사에 입사하면 좋아하는 일, 재미있는 일을 자신이 선택할 수 있기보다, 일의 많은 부분이 자신의 의지와 상관없이 상사의 지시로 주어지고 때로는 귀찮은 일, 하기 싫은 일, 잘할 수 없는 일을 해야 될 경우도 많다. 자신이 좋아하는 일, 잘하는 일만 선택해서 하기 어려운 것이 일의 세계의 현실이다.

LG화학의 박진수 부회장은 신입사원으로 입사해서 38년간 근무하면서 회사의 최고의 위치인 대표이사까지 올라갔다. 그는 직장인으로서 성공의 상징적인 인물이다. 언론과의 인터뷰에서 "오랜 세월 한 직장에서 몸담으면서 조직의 최고 위치인 CEO가 될 수 있었던 비결은 무엇입니까?"라는 질문에 그는 다음과 같이 대답했다.

"가장 먼저 하고 싶은 얘기는 좋아하는 일만 쫓아다니지 말고 자기가 지금 하고 있는 일을 좋아하라는 것입니다. 사회생활에서 처음부터 자기가 좋아하는 일을 하기란 쉽지 않습니다. 내게 지금 주어진 일을 좋아하고 열심히 하다 보면 어느 순간 자기가 좋아하는 일을 하고 있게 됩니다. 주어진 일을 제대로 해 보지도 않으면서 불평만 늘어놓거나 쉽게 포기하는 사람은 다른 곳에 가서도 마찬가지입니다."(조선일보, 2014. 6. 20.).

어떤 것을 좋아하는 감정이란 타고난 것인가, 나중에 학습된 것인가? 대부분 사람은 어떤 특정한 대상을 좋아하도록 만들어진 상태에서 태어나지 않았을 것이다. 사실 어떤 특정한 것을 좋아하는 감정은 많은 부분 어린 시절 성장 과정에서 학습된 것의 산물이다.

사람과 사물에 대해서 갖는 감정은 나의 과거의 경험과 연합된 학습된 기억일 경우가 많다. 어릴 적에 아버지를 좋아했다면, 아버지를 닮은 사람이 좋고, 어린 시절 노래를 많이 들었다면 노래와 관련된 일이 좋아진다.

감정은 불변하는 고체 형태의 결정체로 만들어져 있지 않고, 많은 부분 학습으로 바뀔 수 있다. 처음에 만났을 때 너무 마음에 들어 좋아해도 여러 번 관계를 통해 이런저런 나쁜 경험이 쌓이면 감정이 나빠질 수 있고 처음에 너무 싫었는데 좋은 경험이 쌓이다 보면 좋아지기도 한다.

일도 마찬가지이다. 처음부터 좋아하는 일, 싫어하는 일이 결정적으로 정해져 있는 것이 아니고 그 일을 처음 맡았을 때, 과거 좋았던 경험과 연관성이 있으면 좋은 감정이 생기고, 그 반대이면 싫은 감정이 생길 수 있다. 따라서 사람과 일에 대한 감정은 절대적인 것이 아니라 학습될 수 있고 바뀔 수 있다.

너무 강렬한 부정적 감정은 바꾸기 힘들고 많은 노력이 들지만, 감정도 학습이 될 수 있으므로 학습 원리에 따라 감정도 바뀔 수 있다.

☑ 감정이 학습되는 원리

우리는 지식만 학습된다고 생각하지만 감정도 학습된다. 간단하게 감정이 학습되는 예를 살펴보자.

어린아이가 흰 토끼를 만지기 전에 엄마를 바라본다. 엄마가 무서워하거나 싫어하는 표정을 보이면 아이는 흰 토끼에 대해 두려움과 불쾌감을 가진다. 그러나 엄마가 아이가 토끼에 접근 하는 행동을 반가워하거나 좋아하면 아이는 토끼를 좋아한다.

아이는 한번도 경험해 보지 않은 새로운 일을 할 경우, 처음에는 그 경험에 대해 좋아하고 싫어하는 감정이 없을 수 있다. 그런데 정서적으로 가까운 부모가 토끼에 대해 갖는 감정이, 아이가 토끼를 좋아하고 싫어하는 감정에 영향을 끼친다.

사람은 자신과 가까운 사람과 '정서를 공유'한다. 즉, 정서적으로 가까운 사람이 좋아하는 것을 같이 좋아하게 된다. 인간의 두뇌에는 거울 뉴런이 있어 사람들 간에 상호 감정의 전이가 가능하다.

사람은 행동할 때, 그 행동과 관련된 뇌의 특정 부위의 뉴런이 활성화된다. 그런데 내가 직접 행동하지 않고 어떤 사람을 관찰하고 있다면, 그 사람이 행동할 때, 활성화되는 뇌의 부위와 똑같은 나의 뉴런 부위가 활성화되어, 관찰만 해도 거울에 비추어지는 것처럼 상대가 행동할 때 느끼는 감정을 나도 느낄 수 있다고 해서 '거울 뉴런'이라고 말한다.

예를 들어, 다른 사람이 음식을 맛있게 먹는 모습을 관찰하면, 나의 두뇌에서도 음식을 먹고 싶다는 뉴런이 활성화되어 그 음식을 먹고 싶다는 마음이 생긴다는 것이다. 옆 사람이 슬플 때 같이 슬퍼지고 옆 사람이 행복할 때 우리도 같이 행복감을 느끼는 것도 거울 뉴런이 있어서 가능하다. 물론 관찰을 통한 거울 뉴런의 활성화는 직접 행동하는 사람보다 활성화되는 강도는 많이 떨어진다. 이 거울 뉴런의 반응은 나랑 가까운 사람일수록 강렬하게 반응한다.

유아는 처음 태어났을 때는 주변 사물에 대해서 특정 감정을 갖지 못한다. 사물에 대한 구체적인 감정을 가질 때, 주변 사람의 감정을 참조한다. 특히 엄마가 사물에 대해 갖는 감정을 함께 공유함으로써 아이는 주변 사물에 대해 감정을 학습하게 된다. 이것을 '사회적 정서 공유'라고 말한다.

따라서 조직에서는 함께 일하는 사람의 동기와 의욕이 주변 사람에게 중요한 영향을 끼친다. 회사에서 일을 처음 배울 때 옆에서 가르쳐 주는 선배가 의욕이 없는 태도로, "이 일은 재미없는 일이야. 가치 없는 일이야. 그렇지만 해야 하는 일이야."라고 말하면서 업무를 가르쳐 주면 후배는 업무에 부정적인 태도를 학습하게 된다. 반대로 의욕이 넘치고 일을 좋아하는 선배를 만나서 일을 배우면, 후배 직원도 함께 그 일을 좋아할 가능성이 높다.

소설 『톰 소여의 모험』에서 톰의 이모가 벌을 주기 위해서 집 벽 페인트칠을 시켰을 때, 톰은 페인트칠을 하기 싫어서 억지로 하는 모습이 아니라, 페인트칠에 집중하고, 일이 너무 재미있다는 표정을 친구들에게 보여 줌으로써 친구들도 덩달아 페인트칠을 하고 싶어 했다. 친구들은 결국 사과나 장난감 같은 여러 가지 뇌물을 톰에게 바치면서까지 톰이 벌로서 칠하는 페인트칠을 했다.

페인트칠 자체는 정말 재미있는 일이었을까? 재미란 모든 일 속에 내재적으로 어느 정도 존재할 수 있다. 같은 일을 하면서 어떤 사람은 일에서 재미를 발견하고 어떤 사람은 아무런 재미를 발견하지 못한다. 처음에는 관심이 없는 일도, 다른 사람이 재미있게 하는 모습을 관찰하면 자신도 하고 싶어지는 마음이 생기듯이, 재미도 학습 가능하다. 톰이 페인트칠을 재미있게 했기 때문에 친구들도 페인트칠에서 재미를 학습했고, 실제 친구들도 페인트칠을 하면서 즐거워했다.

영화 〈더 클럽〉에서 사기꾼 변호사 와이어트가 혼자서 야간 근무를 하고 있는 회계사인 조나단에게 "회계 일은 어떠한가?" 하는 질문에 조나단은 '숫자의 균형을 발견하는 것이 재미있다'고 말한다. 어떤 사람에게는 회계가 끔찍한 고통을 주지만 어떤 사람은 회계에서 숫자의 균형이란 재미를 발견하는 것이다.

『펄떡이는 물고기』라는 책에는 시애틀의 '파이크 플레이스' 어시장에서 물고기를 파는 상인들의 얘기가 나온다. 상인들은 물고기 파는 행위를 재미있는 놀이처럼 하기 때문에, 물고기를 사러 온 사람도 고기를 파는 사람들도 모두 즐거워한다. 그들은 물고기를 판

매하는 일을 그저 돈 벌기 위해 억지로 하는 판매행위가 아닌 하나
의 재미있는 놀이처럼 여긴다.

일에서 재미는, 일의 특성이 갖는 내재적 흥미 요소도 있겠지만,
많은 부분이 함께 일하는 사람이 일에 대해 갖고 있는 감정에 따라
달라진다. 물고기를 파는 상인들이 자신의 일을 재미없어하는 표
정을 짓는다면, 물고기를 사러 온 사람들도 재미없어할 것이다. 반
면, 물고기를 신나게 팔면 물고기를 사는 사람도 즐거운 감정을 느
낄 것이다.

필자의 경험을 추가하면, 25년 동안 교육업무를 하면서 직원들
에게 "교육진행 재미있어요?"라고 물어보면, 똑같은 교육진행 업
무라도 어떤 담당자는 교육진행을 반복되는 단조로운 재미없는
일이라 생각하고, 어떤 담당자는 교육진행이 새로운 사람을 만날
수 있고 교육 과정 운영이 새로운 경험이며 재미있는 일이라고 생
각한다.

일에 대해 갖는 감정은 타고난 것이 아니고 학습될 수 있고 바뀔
수 있다. 또한 재미는 미리 결정된 것이 아니고 발견할 수 있는 것
이며, 특히 가까운 사람이 일에 대해 갖는 감정이 내 감정에 영향
을 끼친다.

☑ 뇌 과학 측면에서 재미

뇌 과학 측면에서 재미는 무엇인가? 두뇌는 기존의 익숙한 것에
는 반응을 하지 않고 새로운 것을 발견하면 적극적으로 반응한다.

뇌의 입장에서 재미는 '새로움'이다. 지루하다는 것은 뇌가 아무런 '새로운 자극'을 못 받았다는 것을 의미한다.

삶에서 계속 새로운 것을 경험하고 배우는 것은 재미있는 일이다. 신입사원 시절은 뭔가 계속 새로운 것을 배울 수 있으니 일이 재미있다. 그러나 2년 정도 지나면 지루해진다. 그 이유는 일이 익숙해지고 새로 배우는 것이 적어지기 때문이다.

어떤 일이 너무 익숙해서 이미 다 알고 있다고 생각하게 되면 뇌를 조금밖에 사용하지 않는 것이다. 예를 들어, 교육 담당자가 교육진행이 익숙해지면 교육진행 업무는 자동화가 되고 뇌는 상대적으로 덜 사용하게 된다.

교육생 앞에서 강사 소개, 과정 소개, 교육 운영 지침에 대한 기본 안내 멘트, 점심 식사 인솔, 간식 준비 등 모든 절차가 술술 된다. 반복되고 익숙한 일은 쉬운 일이 되고, 쉬운 일이 되면 재미가 없어진다.

연애과정은 대개 올라가고 내려가는 롤러코스터 같은 변화가 있다. 밀고 당기고 헤어졌다 다시 만나고 즐거움도 많고 갈등도 많다. 그런 변화무쌍한 연애과정을 거친 후 결혼식을 하고, 결혼 생활에 익숙해지면 안정과 편안함이 찾아오고 편안함이 찾아오면 권태로움도 함께 온다.

'뇌는 새로운 자극을 받아야 재미를 느낀다.' 그래서 심리학자들은 오래된 연인 또는 부부가 권태감을 느낄 때, 뭔가 새로운 모험이나 새로운 경험을 같이하면 서로 관계가 좋아지고 사랑이 다시 생긴다고 말한다.

인생은 매번 새로운 일이 생기지 않는다. 특히 일의 세계에서는 매번 새로운 일을 하기는 어렵다. 왜냐하면 회사에서 일을 반복하여 숙련되게 만드는 것이 회사의 생산성 향상을 위해 필요하기 때문이다.

그럼 어떻게 하면 반복되는 일의 세계에서 새로운 것을 발견하고 재미를 가질 수 있을까? 기존에 익숙한 일을 새롭고 재미있게 만드는 방법은 지금 하는 일에서 새로운 도전적인 목표를 세우거나 또는 기존에 익숙했던 일에 변화를 주거나 새로운 관점과 시각을 갖는 것이다. 예를 들어, 오랫동안 같은 강의를 해서 재미가 없으면 교안을 바꾸거나 강의 방법을 다르게 하거나 또는 새로운 과목의 강의안을 만들면 어려움도 있지만 재미도 있다.

교육진행이 재미가 없으면, 진행하는 방법을 개선하거나 또는 더 도전적인 목표를 세우는 것도 방법이다. 예를 들어, 단순히 교육진행을 하는 것이 아니라, '사회 및 진행 분야에서는 우리나라에서 1등으로 잘하는 사람이 되겠다.'는 도전적인 목표를 세우면, 할 일이 더 많아지고 새로운 시도도 더 많이 하게 되고 일도 재미있어진다.

새로운 영역에 도전하고 스스로 자신이 새로워지려고 노력하는 것이 뇌 과학 측면에서 재미있는 삶이다. 쉽고 익숙한 것이 재미있는 것이 아니고 약간 새롭고 어렵고 도전적인 일이 재미있는 일이다. 재미의 추구는 인간의 의욕을 높이고 실력도 발전시킨다.

☑ 즐거움의 호르몬: 도파민과 세로토닌

도파민은 스포츠, 파티, 클럽, 승부에서 이기는 성취감을 얻을 때 생기는 강한 즐거움을 주는 호르몬으로서 쾌락 보상체계로 작용하며 이 쾌감의 호르몬은 다음에 또 힘든 일을 할 수 있도록 의욕과 열정을 불러일으킨다.

하지만 도파민을 통한 강한 즐거움만 의욕과 동기를 유발하는 보상체계가 아니다. 하루가 끝난 뒤 큰 쾌락과 보상은 없지만, 일상의 식사와 휴식의 경험도 즐거움을 준다. 예를 들어, 일이 끝난 후 좋은 사람들과 맛있는 음식을 먹고 대화하는 것도 즐거움이다. 산책을 하면서 주변의 꽃과 나무를 보고 흐르는 강물을 보는 것도 즐거움이다. 이렇게 휴식을 취하고 에너지를 충전시키고 내 자신을 돌아보는 것도 즐거움이 될 수 있다.

강도가 높은 쾌락인 도파민을 통한 즐거움은 동기유발 효과가 크지만, 매일 일상에서 강한 즐거움을 쉽게 얻기 어렵다. 강한 즐거움이 아니더라도 잔잔한 즐거움과 작은 만족으로도 의욕의 에너지를 채울 수 있다. 세상의 위대한 업적을 이룬 사람들은 책과 독서 그리고 평범한 하루의 일상 속에서 반복적 행동을 통한 소소한 즐거움을 즐겼다.

칸트는 매일 아침 산책을 했고 삼성 반도체의 신화를 만든 강진구 회장도 매일 아침을 산책을 했다. 그들은 남들이 보기에 다소 지루해 보일 수 있지만, 매일 같은 시간, 같은 코스의 길을 산책했다. 그러나 그들은 같은 산책길에서도 매일 자신의 내면과 주변 세상에서 새로움을 발견하는 즐거움을 가졌다.

편안함, 안도의 마음, 휴식의 즐거움을 주는 뇌 호르몬이 세로토닌이다. 세로토닌은 '잔잔한 행복감'이다. 작고 소소한 일상의 경험에서 즐거움을 느끼려면, 마음이 평온하고 조용해져야 하고 현재 자신이 하고 있는 일에 집중할 수 있어야 한다. 많은 경우 소소한 즐거움을 놓치는 것은 마음이 너무 바쁘기 때문에 일상의 작은 즐거움에 집중하지 못하기 때문이다.

마음이 미래에 해야 할 일에 대한 걱정으로 지금 여기(here and now)에 있지 않고, 다른 곳에 있으면 산책길이나 등산길에서 예쁜 꽃을 봐도 즐거움을 느낄 수 없다. 마음이 바쁘면 일상의 삶에서 소소한 즐거움을 놓치기 쉽다. 따라서 마음을 차분히 가라앉히고 주변을 집중해서 살피면 작은 즐거움을 느낄 수 있고 그 즐거움이 동기로 작동할 수 있다. 정리하면 강력한 즐거움도 동기를 높이지만 휴식과 식사, 좋은 사람과의 대화, 산책 이런 소소한 즐거움도 충분히 의욕을 증진시킨다.

불안은 동기를 올릴까

긍정적인 정서인 즐거움이 동기와 의욕을 증진시킨다고 말했는데, 부정적인 정서인 불안은 동기를 올릴 수 있을까? 주변에서 다른 사람을 동기부여하기 위해서 상대방에게 불안감을 조성하는 것을 많이 보았을 것이다.

"공부 열심히 하지 않으면 나중에 거지가 돼."

"이 보고서 내일까지 끝내지 않으면 어떻게 되는 줄 알지?"

불안이 동기에 어떤 영향을 끼치는지, 불안이 동기부여에 끼치는 긍정적인 측면과 부정적인 측면을 살펴본다.

☑ 불안과 위기감이 불러일으키는 동기효과

아픈 사람은 건강 회복을 위해 노력하지만, 건강한 사람도 건강을 잃지 않기 위해 노력한다. 가진 것이 없는 사람은 더 많은 것을 갖기 위해 노력하지만, 이미 충분히 많은 것을 이룬 사람은 소유한 것을 상실하지 않고 유지하기 위해 계속 노력한다.

꿈이나 목표도 강력한 성취동기로 작용하지만 이미 가진 것을 상실할까 하는 두려움, 고통을 피하고자 하는 불안의 감정도 동기로 작용해서 끊임없이 준비하고 노력하게 만든다. 직장인들은 성공을 위해 열심히 일하기도 하지만 회사에서 해고 안 당하고 상사의 질책과 지적을 듣지 않기 위해서도 열심히 일한다. 불안과 두려움도 동기요소로 작동한다.

인간의 두뇌 중 '신피질'은 뇌 발달 단계 중 가장 나중에 발달한 부분이다. 뇌는 크게 3층 구조로 되어 있다. 1층에 해당하는 '뇌간'은 뇌의 제일 안쪽 부분에 위치하고 호흡과 심장박동을 관장하는 생명 유지 중추이다. '뇌간'이 진화적으로 가장 먼저 발달했고, 그 다음 단계로 2층에 해당하는 뇌간의 윗부분에 위치하는 '변연계'가

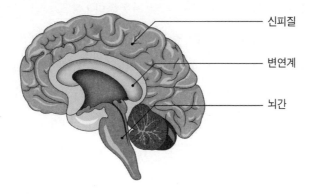

신피질

변연계

뇌간

두 번째로 발달했다. 변연계는 경험을 기억하고 그 경험이 불쾌한 감정인지 즐거운지 감정인지를 처리한다. 가장 나중에 발달한 제일 상층 부위의 뇌가 신피질이다. 신피질은 미래를 준비하고 문제 해결을 하는 기능을 담당한다.

신피질이 발달함으로써 우리는 현재에 살고 있으나 미래를 예측하고 준비할 수 있게 되었다. 미래를 보는 눈은 두 가지이다. 하나는 성공을 희망하는 미래이고 다른 하나는 실패를 걱정하는 미래이다. 성공의 예측은 우리를 기쁘게 하고 실패에 대한 생각은 걱정하고 불안하게 만든다.

동물보다 유달리 큰 신피질을 가진 인간의 미래 예측 능력은 인간에게 엄청난 희망을 주는 선물이기도 하지만, 한편으로 죽을 때까지 불안과 걱정을 하면서 살도록 마음의 큰 짐을 주었다.

높은 지위, 많은 부를 가진 사람도 보통의 사람과 똑같이 큰 신피질 덕분에 미래의 고민과 걱정에서 자유로울 수 없다.

어려움을 겪거나 위기를 느끼면 평소보다 더 미래를 걱정하게 되고 이것이 때로는 강력한 동기로 작동한다. 어린 시절에 아버지 또는 어머니를 잃은 아이는 엄청난 생존의 위기감을 느낀다고 한다. 그들은 '어떻게 하면 자신을 보살펴 줄 부모가 없는 세상에서 생존할 수 있을까?' 하는 불안감을 느끼고 그 위기감이 아이를 필사적으로 노력하게 만든다.

심리학자 아이젠스타트는 브리태니커 백과사전에 등재된 유명인을 대상으로 부모의 생존 여부를 조사했고 성공한 사람들은 일반인보다 더 빨리 부모를 잃었다는 연구 결과를 발표했다. 많은 위대한 인물은 그들의 부모가 일반 사람들보다 일찍 죽었다고 한다.

위기 상황의 인식은 뇌를 엄청나게 자극한다. 두뇌의 가장 강력한 시스템은 생존시스템에 기반하기 때문이다. 뛰어난 경영자들은 조직의 위기 상황을 다른 사람보다 빨리 인식한다고 한다. 위기 상황을 인식하는 것이 좌절과 포기의 요인이 되기도 하지만, 한편으로 강력한 행동 변화의 동기가 되기도 한다.

위기를 느낄 때 동물은 두 가지 행동을 한다. 위기 상황에서 움츠리고 꼼짝 못하고 아무 행동도 하지 않는 경우와, 위기를 맞이하여 강력한 도전정신과 아드레날린 호르몬이 나와서 위기를 극복하는 힘이 생기는 경우이다.

위기는 사람의 의욕을 떨어뜨리기도 하지만 위기는 더 열심히 준비할 수 있도록 만드는 강력한 동기 시스템으로 작용할 수도 있다. 불안과 위기를 어떻게 인식하는가에 따라 그것이 강력한 동기가 될 수도 있고 의욕 상실로 작용할 수 있다.

☑ 두려움과 불안을 동기로 전환하는 방법

앞에서 얘기했듯이 인간에게는 즐거움과 두려움이라는 두 가지 감정에 기반한 생존 시스템이 작용한다. 새로운 일에 대한 걱정과 두려움은 일반적으로 회피 행동을 하게 하지만, 한편으로 그것을 극복할 수 있다는 희망을 가지게 되면 걱정과 두려움은 동기의 에너지로 전환시킬 수 있다

대학 다닐 때, 다음 날 있을 통계 시험에 대한 걱정과 두려움이 온몸을 엄습해서 도서관에 앉아 있을 수 없었다. 책을 펴도 이해도 안 되고 마음은 초조하고 집중이 되지 않았다. 불안감을 참지 못하고 학교 앞 맥줏집에서 낮부터 술을 마셨다. 그날 불안한 마음을 술로 줄일 수 있었지만 다음 날 시험은 망쳤다.

불안이 너무 크거나 조절할 수 없으면 집중력이 떨어진다. 불안감에서 벗어나기 위해 술, 약, 섹스 등 강렬한 외부 자극에 의존해서 긴장감을 벗어나려고 하면, 잠시 불안에서 벗어날 수 있지만 자기의 삶을 조절할 수 없게 될 수도 있다.

적절한 양의 불안은 동기 에너지로 전환시킬 수 있지만, 강한 불안, 통제할 수 없는 불안은 자신에게 부정적인 영향을 끼친다. 따라서 불안을 적절히 조절하고 다룰 수 있는 방법을 알면 불안을 동기로 전환시킬 수 있다. 독도 적절한 양이면 약으로 사용할 수 있듯이 불안과 위기도 다룰 수 있으면 동기로 작동할 수 있다. 불안

감을 조절해서 에너지로 전환하는 방법 몇 가지를 소개한다.

첫 번째 방법은, 불안한 생각이 들 때마다 긍정적인 셀프 토크로 자신을 동기부여하는 것이다. 생각이란 어떻게 보면 자기가 자신에게 말하는 셀프 토크이다. 불안하면 머릿속에 부정적인 시나리오가 많아지고 스스로에게 부정적인 말을 많이 하게 된다. 그때마다 역설적으로 스스로에게 희망과 긍정적인 말을 더 많이 하면 불안이 오히려 자신의 의욕을 증진시킬 수 있다. 불안할 때 자주 하면 좋은 말들을 소개한다.

"모든 일이 잘될 거야!"
"나는 할 수 있어!"
"결국 해피 엔딩!"

이와 같은 긍정적인 말, 자신감을 주는 말을 혼자서 자주 반복하는 '긍정적 언어 강화방법'이 불안을 의욕으로 만들어 줄 것이다. 한번 실천해 보라. 출근할 때, 걸을 때, 밥 먹을 때도 중얼중얼하면 불안해서 아무것도 못하는 것이 아니라 의욕적으로 뭔가 준비하는 자신을 발견할 것이다.

두 번째 방법은, 구체화이다. 불안하면 머릿속에 너무 많은 생각이 생기고 머리가 혼란스럽다. 머릿속이 단순하게 정리될수록 불안이 줄어들고 자신감이 생긴다. 머리를 정리하는 방법은 생각들을 글로 적는 것이다. 글로 적으면 좀 더 명확해지고 구체화되고 필요 없는 생각들이 줄어든다.

심리학 연구에 의하면, 피험자 집단을 두 집단으로 나누어 한 집단은 3주 동안 자신의 경험을 글로 쓰게 하고 다른 집단은 글을 쓰지 않게 했더니, 글을 쓴 집단이 글을 쓰지 않은 비교집단보다 스트레스를 더 잘 이기고 술을 적게 마시고 정신적으로 건강하고 학점도 좋았다고 한다.

고민을 글로 쓰면 스트레스와 불안이 줄어들고 자신감을 회복하게 되고 결국 성적도 좋다. 어떤 분은 불안을 줄이기 위해 글을 쓰기 시작했는데, 이것이 습관화되어 작가가 되었다는 이야기도 신문 기사에서 본 적이 있다. 불안이 높은 동기로 전환되어 성공한 케이스이다.

세 번째 방법은, 위기를 맞이할 때 스스로에게 최선을 다하고 난 뒤, "세상의 일은 모두 내 뜻대로 이루어지지 않고 어떤 결과가 생기더라도 결과를 인정하겠다."라는 수용적인 자세를 갖는 것이다.

최악의 상황을 수용하겠다는 마음을 가지면 용기가 생긴다. 원하는 것을 얻지 못하더라도 그런 나의 모습을 받아들이겠다는 생각을 하게 되면, 불안이 줄어들고 뭐든 도전하고 행동하게 만든다.

네 번째 방법은 불안할 때 적극적인 몸의 활동을 통해 마음이 미래에서 현실로 돌아오도록 하는 것이다. 불안할 때 마음은 미래에 가 있다. 몸을 움직이면 마음은 현재로 오게 된다. 따라서 불안할 때 몸을 움직일 수 있는 산책, 운동과 같은 활동적인 일을 하면 불안 관리에도 좋고 의욕도 올라간다.

좀 더 구체적으로 말하면, 운동은 현재 상태에 집중하게 해 주며, 몸의 움직임을 통해 자신감을 회복하게 해 주고, 신체 내분비의 균형을 잡아 줌으로써 정신의 지나친 각성과 신경계의 흥분을 가라앉혀 주어 불안관리에 좋다. 또한 뇌 과학 연구에 의하면 운동은 뇌의 동기센터를 활성화하고 의욕을 증진시킨다고 한다. 필자도 일이 잘 안 풀리고 불안할 때 가장 많이 하는 것이 헬스센터에 가서 달리기를 하거나 주말에 등산을 하는 것이다. 운동은 마음의 균형을 잡아 주고 자신감 향상에 많은 도움이 된다.

다섯 번째 방법은, 호흡 명상이다. 호흡 명상은 산만한 생각에서 벗어나 자신의 호흡에 집중하게 함으로써 불안에서 벗어나게 한다. 들이쉬는 숨과 내쉬는 호흡에 집중하고 하나에서 열까지 카운트하면 머리에 떠도는 미래에 일어날 불안한 생각과 감정을 조절할 수 있다. 명상의 핵심은 집중이고 호흡 명상의 핵심은 호흡에 집중하는 것이다.

활동적이고 바쁜 사람은 가만히 앉아서 눈을 감고 호흡에 집중하는 것이 매우 힘든 경우가 많다. 하지만 명상을 오랜 기간 연습하면 불안한 마음이 가라앉고 집중력도 높아진다. 효과를 보려면 뭐든지 꾸준한 연습과 지속성이 필요하다.

불안을 해결하기 위해 외부 자극에 의존하거나 회피적 반응을 하면 의욕이 떨어지고 불안을 일으키는 근본적인 문제는 해결되지 않는다. 내가 다룰 수 있는 정도의 불안은 동기의 요소가 될 수 있지만 다룰 수 없는 강한 불안은 동기를 떨어뜨린다. 마지막으로 불안을 '도전과 희망'으로 전환시킨 심리학 실험 사례를 소개한다.

심리학 실험에서 피험자를 두 집단으로 나누어 똑같이 어려운 과제를 주고, 실험적 조작을 통해 한 집단은 어려운 과제를 '두려움'으로 인식하게 했고, 다른 집단은 어려운 과제를 '도전'으로 인식하게 했다. 그리고 두 집단 참가자의 심장 박동과 혈류의 흐름을 조사했다.

두려움을 느낀 집단의 피험자들은 심장에 압박감을 많이 느끼고 혈관의 저항도도 높았다. 반면, 어려운 문제를 도전으로 인식한 그룹의 피험자들은 심장에 부담이 없었고 혈류의 흐름도 좋았다. 이 실험이 의미하는 것은 어려움과 위기를 맞이해서 그것을 도전으로 인식하면 혈관 건강에 문제가 없지만 두려움을 느끼고 회피를 하게 되면 혈관 건강에 문제가 생길 수 있다는 것이다.

도전과 두려움을 느끼게 하는 원인은 똑같이 어렵고 힘든 과제이지만 인식과 관리 방식에 따라 동기가 올라가기도 하고 회피하거나 두려움에 꼼짝 못하거나 의욕이 떨어지기도 한다.

창피를 주면 더 열심히 할까

목표달성에 도움이 되는 긍정적인 정서가 즐거움과 재미라면 목표달성을 방해하는 부정적인 정서는 수치심이다. 앞에서 얘기했듯이 긍정적인 정서는 사람들을 목표에 다가가게 하는 접근행동을 불러일으키지만 부정적인 정서는 회피 행동을 하게 한다.

상사, 교사, 부모는 부하, 학생, 자녀들에게 동기유발을 위해, 잘한 행동에 대해 칭찬도 하지만 때로는 실패나 잘못에 대해서 수치심과 모멸감 같은 부정적 정서를 주기도 한다. 이런 부정적 정서가 상대방이 앞으로 잘 행동하기를 바라는 동기부여의 자극이 될 것이라고 생각하는 분들도 많다. 과연 상대방에게 수치심과 같은 부정적인 정서를 불러일으키는 것이 실제로 동기를 높이는지 살펴보자.

☑ 수치심이란

상사가 후배들이 보는 앞에서 김 대리를 큰 소리로 나무랐다.

"김 대리 직장 생활 몇 년째야?"
"이렇게 밖에 못해? 직장 생활 5년 동안 뭘 한 거야? 도대체 생각을 갖고 일하는 거야?"
"신입사원에게 시켜도 자네보다 잘하겠다."

이 말을 들은 김 대리는 자신의 잘못에 대한 반성보다 후배나 선배들 앞에서 모욕을 당했다는 수치심을 강하게 느낄 것이다. 자신이 업무 처리를 꼼꼼하게 하지 않은 잘못한 부분도 있지만, 상사의 피드백 방식으로 인해 생긴 수치심은 업무에 대한 반성보다 분노와 반발심을 불러일으킨다.

그는 자신이 잘못한 부분은 오히려 사소한 부분이고 상사가 자신에게 피드백한 방식이 더 큰 문제라고 생각한다.

수치심이란 자신을 부끄럽게 느끼고 자신의 가치가 떨어졌을 때 느끼는 감정이다. 쉽게 말하면 모욕감도 수치심이다. 수치심을 느끼면 자신에게 수치심을 준 사람과 상황과 장소로부터 벗어나고 싶어 한다. 그래서 수치심을 느끼면 그 일을 더 잘하려고 하는 마음보다 바로 그 사람과 상황에서 도망가거나 회피하고자 하는 마음이 우선적으로 든다.

수치심을 불러일으키는 말들을 살펴보면,

"넌 틀려 먹었어!"
"한심한 인간이야!"
"똑같이 공부해서 왜 쟤보다 못하는 거야!"

이와 같은 수치심을 불러일으키는 말들은 대개 상대의 '구체적인 행동'의 문제점을 지적하는 것이 아니고 '사람 자체'가 문제가 있다고 말할 때 생기는 감정이다. 수치심은 자신의 존재 가치를 부정하거나 비하하는 감정이 생기기 때문에, 구체적으로 개선해야 할 행동을 찾기보다는 의욕상실과 무력감이 생기거나 상대를 탓하고 공격하는 분노의 감정을 갖게 된다.

자녀와 부하 직원을 비난해서 수치심을 주는 것은 '상대에게 정신을 번쩍 차리게 해서 열심히 일하도록 자극을 주는 좋은 방법'이라고 주장하는 사람도 있겠지만, 수치심의 본질은 자기 자신을 스스로 부끄럽고 창피하게 느끼도록 만드는 감정이기 때문에 수치심은 동기와 의욕이 떨어뜨리는 대표적인 부정적인 감정이다.

수치심은 처벌을 하거나 상처를 주는 수단으로 좋을지 모르지만 동기부여의 방법으로는 좋지 않다. 조직에서 리더는 자신이 하는 말이 상대에게 수치심을 불러일으키는지 살펴보아야 한다. 수치심은 부하의 동기를 저하시키고, 목표 접근 행동이 아닌 목표 회피 행동을 하게 만든다.

☑ 수치심을 느끼지 않고 피드백을 주는 방법

수치심은 의욕을 떨어뜨리고 상대방에 대해 적대적 감정을 만들기 때문에 조직을 관리하는 관리자, 교사, 부모는 결과가 좋지 않거나 개선사항을 얘기할 때 상대방이 수치심을 느끼지 않도록 피드백을 주어야 한다. 수치심을 느끼지 않게 개선 피드백을 주는 방법은 다음과 같다.

첫 번째는 다른 사람이 없는 곳에서 고칠 점을 이야기해야 한다. 수치심은 다른 사람이 나를 바라봄으로써 생긴다. 즉, 타인의 '시선이 존재함'으로 인해 수치심이 생긴다. 혼자 방에서 벌거벗고 있으면 수치심을 느끼지 못하나 다른 사람이 나의 벗은 몸을 보면 수치심을 느끼듯이, 내가 잘못하고 있고 결점이 있다는 얘기를 들을 때, 타인의 시선과 평가가 매우 중요하다.

따라서 잘못을 얘기할 때는 다른 사람이 보이지 않는 곳에서 단둘이서 얘기를 해야 한다. 그래야 잘못을 지적받아도 수치심을 덜느낀다. 어떤 상사들은 일부러 사람들 앞에서 소리쳐서 부하가 수치감을 더 강하게 느끼도록 만드는데, 그런 행동은 처벌이나 복수의 효과만 있을 뿐 행동 교정이나 동기부여적 측면에서는 오히려 역효과가 난다.

요즘 어떤 매니저는 회사 '단체 톡 방'에서 부하 직원의 결점 지적이나 피드백 사항을 올리는데 이것은 상대방의 수치심을 매우 높이므로 꼭 피해야 한다.

두 번째는 수치심은 잘못된 행동보다 '사람 그 자체'에 초점을 맞출 때 강하게 느낀다. 피드백을 할 때 총체적인 인간성과 자질에 대한 얘기보다 구체적으로 잘못한 행동에만 초점을 맞추어 피드백을 줄 때 수치심이 덜 생긴다. 예를 들어, 부하가 지각했을 때 부하 직원에게,

"오늘 20분 지각했네. 지각은 직장인으로서 바람직한 행동은 아니네. 앞으로 시간 지켜서 출근하면 좋겠네."

이렇게 말하면 부하의 지각 행동에 초점을 맞추는 피드백이다.

"오늘 20분 지각했네. 당신은 뭔가 근본적으로 직장인으로서 기본자세가 안 갖추어진 것 같아. 자네 문제가 있는 사람 아니야?"

이렇게 잘못된 구체적 행동보다 '사람 자체'가 문제가 있다고 말하거나 상대의 가치를 손상시키는 말을 하면 수치심을 강하게 느낀다.

부정적인 피드백을 할 때, 가능하면 그가 가진 중요한 가치를 언급해서 자신에 대한 자부심을 느끼게 하고 난 뒤, 구체적인 행동

수정사항을 피드백해 주는 것이 좋다.

"김 대리는 자발적으로 일을 찾아서 하고 효율적으로 일하는 점은
참으로 마음에 드네."

"그런데 시간을 좀 잘 지키는 것은 보완했으면 좋겠네. 오늘 20분
지각했네, 앞으로 신경을 썼으면 좋겠네."

다시 한번 강조하지만 수치심은 처벌적 효과만 있고 동기부여에
도움이 되지 않는다는 사실만 분명히 알아도 부하 직원, 자녀, 학
생들에게 자존심을 무너뜨리는 수치심을 불러일으키는 말과 행동
을 하고 자신의 행동이 상대방에게 도움을 주기 위한 행동이었다
라고 주장하지는 않을 것 같다.

죄의식은 동기증진에 도움이 되는가

수치심과 죄의식 둘 다 부정적인 감정이다. 두 감정이 비슷하고
중복되는 특성도 많지만 큰 차이점은 수치심은 자신의 행동이 타
인의 기대와 기준에 미치지 못해서 자신이 창피하고 부끄럽다는
감정이고 죄의식은 자신의 행동이 도덕적으로 잘못되었다는 감정
이다.

부연 설명하면, 수치심은 남 보기에 가치 없고 부족하고 부끄러
운 모습을 보여 주었을 때 생기는 정서이고, 죄의식은 구체적으로

내가 남에게 피해를 주거나 도덕적으로 잘못된 행동을 한 후, 후회하거나 자신의 잘못을 스스로 질책하는 감정이다.

자신이 남에게 피해를 준 행동에 대해 죄의식을 느끼면 회복을 시키고자 하는 감정이 생긴다. 예를 들어, 내가 친구의 물건을 실수로 깨뜨리거나 손해를 끼치면 죄의식의 감정이 생겨서 배상을 하고 사죄를 하게 된다.

가게에서 많은 종류의 옷을 입어 주인의 시간을 너무 많이 빼앗고 영업에 피해를 주었다는 미안한 마음이 생기면 옷 가게에서 작은 것이라도 사게 된다. 백화점이나 마트 시식 코너에서 너무 많이 시식하게 되면 식료품을 사게 되는 것도 죄의식에 기초한다.

죄의식은 자신이 잘못한 행동을 보상하고 회복하려고 하는 감정으로 행동 교정이나 어느 정도 목표 지향의 동기를 유발한다. 죄의식은 타인에게 끼친 손해를 회복하려는 감정으로, 그것이 합리적일 때는 사회적 관계 회복에 도움이 된다. 하지만 지나친 죄의식을 갖거나 회복할 수 없는 일에 죄의식을 갖거나 불합리한 강한 죄의식을 가지게 되면 자기 파괴적인 행동으로 이어지고 자신을 불행하게 만든다.

수치심과 죄의식 둘 다 부정적인 감정이지만 두 가지를 동기유발 차원에 비교하면 수치심보다, 죄의식을 불러일으키는 것이 동기적 차원에서 차라리 낫다. 예를 들어, 지각을 했을 때

"김 대리 기본이 안 되어 있어, 시간도 제대로 못 지키는 거야? 자기 관리가 그렇게 안 돼?" (수치심)

"김 대리 미팅에 늦어서 다른 사람들이 시작하지 못하고 기다렸어. 다른 사람의 소중한 시간을 10분 이상 사용한 거야. 다음부터 지각하지 말기를 바라. 모든 사람의 시간은 소중하니까." (죄의식)

수치심을 불러일으키면 동기가 떨어지지만, 죄의식을 불러일으키는 것은 상황에 따라 약간의 동기를 올리는 요소로 작용할 수 있다. 하지만 죄의식을 불러일으키는 동기부여 방법도 상대의 의욕을 고취하고 새로운 도전을 하게 만드는 것이 아니라, 자신의 잘못된 행동을 교정하는 소극적인 수준에서 그친다.

따라서 상대에게 죄의식을 심어 주는 동기부여하는 방식도 목표 달성을 이루는 강력한 동기부여 방법은 아니라고 생각한다. 개인적으로 비즈니스에서도 고객에게 죄의식을 불러일으켜 이루는 매출은 크지 않을 것이라 생각한다.

목표달성에
도움이 되는 감정

즐거움, 재미

중간 감정

내일 시험을
잘 볼 수 있을까?

불안, 두려움

김 대리
이렇게
일을 못하나?

목표달성에
방해가 되는 감정

수치심

03

나를 제대로 아는 것이 셀프 동기부여

자신을 어떤 사람으로 생각하는가? 자신을 유능하다고 생각하면 새로운 일에 도전하겠지만 자신이 무능하다고 생각하면 새로운 일에 도전하지 않을 것이다. 자신을 어떻게 생각하는가에 따라 동기가 달라진다.

똑같이 프랜차이즈 식당에서 아르바이트를 하지만 자신을 시급을 받는 아르바이트생으로 생각하는 사람과 앞으로 자신이 프랜차이즈 기업의 사장이 될 사람이라고 생각하는 직원의 동기는 서로 다를 것이다.

나를 아는 것이 셀프 동기부여의 시작

자신이 조직의 리더라고 생각하는가, 아니면 단순히 조직의 멤버로 생각하는가에 따라 행동이 매우 달라진다. '자신을 스스로 어떤 사람이라고 정의하는가?'에 따라 의욕과 동기가 많이 달라진다.

자아개념은 자신에 관한 지식으로 자신의 성격의 장·단점, 목표, 좋아하는 것, 싫어하는 것, 어떤 능력을 갖고 있는지를 포함한 '자기 자신에 대한 지식'의 총합이다. 또한 자아개념은 자신이 지금 어떤 사람인지에 추가하여 과거 무엇을 성취했는가 그리고 미래 어떤 사람이 될 것인가를 포함한다.

자아개념에 따라 정보처리 방법, 느끼는 감정, 꿈, 행동의 동기, 피드백에 대한 반응이 모두 달라진다. 자아개념이 동기행동에 끼치는 영향을 두 가지로 정리할 수 있다.

☑ 첫째, 자아개념이 잘 정리되면 자기 조절이 잘된다

심리학자들은 성공과 성취 그리고 목표달성에서 가장 중요한 요소 중 하나가 자기 조절 능력이라고 말한다. '자기 조절'을 잘하기 위해서는 자신에 대해 정확하게 잘 아는 것이 도움이 된다.

신체 조절의 예를 들어 간단히 설명하면, 혈압이나 당뇨 수치가 높으면 의사가 환자에게 가장 많이 권하는 방법은 '매일 혈압이나 당뇨 수치를 체크하기'이다. 매일 자신의 혈압이나 혈당지수를 체크하기만 해도 혈압이나 당뇨 조절에 도움이 되기 때문이다.

신체뿐만 아니라 감정 조절도 마찬가지이다. 자신의 감정을 정확히 체크해서 온도계를 보듯이, 자신의 감정상태를 수치로 확인할 수 있다면 감정 조절을 더 잘할 수 있을 것이다. 예를 들어, 감정을 측정하는 감정의 온도계가 만약 개발되어 '지금은 분노 감정이 100점 만점에서 70점입니다. 최근 당신의 일주일 분노 평균치는 50입니다. 지금 분노가 평균보다 20점 높으니 조정해야 됩니다.'라고 감정 온도계의 수치를 매일 볼 수 있다면 분노 조절에 많은 도움이 될 것이다.

자신의 몸과 감정상태에 대해 정확히 알면 자신의 몸 상태와 감정을 잘 조절할 수 있듯이, 몸무게 조절도 자신의 배가 얼마만큼 부른지를 정확히 알면 좀 더 효율적으로 식사량을 조절할 수 있을 것이다.

보통 과식을 하는 사람은 음식을 많이 먹어 배가 충분히 부른 상태의 정보를 신경 시스템을 통해 뇌에 전달받기도 전에 너무 빠른 속도로 음식을 먹기 때문에 과식을 하게 된다고 한다. 천천히 식사를 하면 뇌가 현재 배부른 상태를 정확히 피드백 받을 수 있기 때문에 적당한 양을 먹고 멈추게 된다.

혈압이든, 당뇨이든, 자신의 감정이든 현재 상태에 대해 정확히 알면 자기 조절을 더 잘할 수 있을 것이다. 자신에 대해 정확하게 잘 아는 것은 자기 조절의 시작점이고 기초이다.

☑ 둘째, 자아개념은 변화의 의욕을 높인다

직장에서 간부나 부서장들이 리더십 교육을 받지 않으려고 하는 가장 큰 이유 중 하나는 무의식적으로 자신은 리더십에 큰 문제가 없다고 생각하기 때문이다. 리더들 대상의 연구에 의하면 리더들의 80%가 본인의 리더십이 조직의 전체의 평균값보다 높다고 답했다고 한다.

자신이 어떤 주제에 대해 잘 안다고 생각하면 배우려 하지 않는다. 자신이 건강하다고 생각하는 사람보다 몸에 문제가 있는 것을 아는 사람이 병원에 가듯이, 자신의 문제점에 대해 정확하게 아는 사람이 자신을 변화시키려는 동기도 높다. 자신의 객관적 상태를 잘 모르는 사람은 변화에 대한 동기도 낮다.

소크라테스가 네 자신을 알라고 했듯이 진정한 변화의 동기는 자신에 대해 정확한 지식을 아는 것으로부터 시작된다. 최근 리더십의 핵심 키워드가 '자기 알아차림(self awareness)'이라고 한다. 자아개념이 바로 자기를 알아차리는 것이니 같은 개념이라고 볼 수 있다. 진정으로 리더가 되려면 자신을 객관적으로 잘 인식할 수 있어야 한다.

나는 조직에서 어떤 역할을 하고 있는가

나는 누구인가? 자기 자신의 '역할에 대한 정체성'이 동기유발에 영향을 끼친다. 대학 다니는 아들이 맥도날드 매장에서 아르바이트를 한 적이 있다. 아침 식사를 하면서 아들에게 아르바이트에 대해 이것저것 물었다. 아들이 하는 일은 주로 햄버거용 고기 패티를 그릴에 굽는 일이었다.

필자는 삼성에서 교육담당자로 일할 때, 맥도날드 교육시스템이 훌륭하고 매뉴얼이 아주 잘되어 있다는 얘기를 들어서 관심을 갖고 자주 물어보았다. 아르바이트의 역할 분담과 직원 교육시스템과 직원 관리시스템에 대해서 물어보았다. 그리고 왜 아들이 3개월이 넘도록 그릴에 고기만 굽는 역할을 하는지, 그리고 고기 굽는 일 외에 다른 업무를 하고 싶지 않은지도 물어보았다.

아들은 자신이 하는 일 외에는 별다른 관심이 없어 보였다. 그릴에 고기만 굽는 것은 그 역할이 익숙해서 좋고, 자신은 다른 일은 관심도 없고 배우고 싶지 않다고 대답했다.

맥도날드는 본사 직원의 50% 이상, 맥도날드 매장 점장의 70% 이상이 맥도날드에서 아르바이트 경험이 있다고 들었다. 미래에 맥도날드 매니저(점장) 또는 본사 직원이 되기 위해 아르바이트를 선택한 사람과, 단순히 방학 동안 용돈 벌이 목적으로 아르바이트를 하는 사람은 같은 일을 하지만 관심과 동기수준이 다르고 배우는 것도 다를 것이다.

미래 맥도날드 점장의 꿈이 있는 사람은, 현재 아르바이트를 하고 있지만 자신을 미래의 점장으로 인식하기 때문에 회사의 급여나 인사시스템, 채용 및 육성시스템, 매장관리 방법 등을 관심을 갖고 배우려 하겠지만, 자신을 오직 시급 아르바이트생으로 인식하는 사람은 자신의 노동력과 근무시간 그리고 근로조건에만 관심을 가질 것이다.

자기 자신을 '누구'로 인식하는가에 따라 동기는 달라진다. 자신을 아르바이트생으로 인식하는가, 아니면 미래의 '점장'으로 인식하는가에 따라 관심과 동기가 다르다. 따라서 자신의 '역할 인식(정체성)'에 따라, 같은 곳에 근무를 해도 다른 것이 보이고, 다른 것이 들리고, 다른 것이 기억되는 것이다.

『관점을 디자인하라』라는 책의 저자인 박용후는 본인을 홍보매니저로 인식하는 동안은 남과 별다를 것 없는 수많은 홍보업무 담당자 중 한 사람이었으나 스스로를 '관점 디자이너'로 인식하는 순간부터 세상을 다른 관점에서 보려고 노력했고, 결국 다른 사람도 자신을 남과 다른 사람으로 알아 주었다고 강의 중에 말했다.

세계적 테마파크 디즈니랜드는 모든 직원을 '캐스트 멤버(cast member, 배우)'라고 부른다. 입구 매표원부터 놀이기구 안내원까지 모든 직원이 디즈니랜드라는 연극과 영화의 무대에서 고객에게 즐거움을 선사하겠다는 의미다. 청소부도 예외가 아니다. 디즈니랜드 청소부는 자신을 '배우'라고 인식한다. 본인이 배우라고 인식하기 때문에 그들은 청소도 하지만 놀이기구를 타려고 기다리는 고객을 위해 바닥에 빗자루와 물로 미키 마우스를 그리고, 어떤 청소부는 쓰레기통을 두드리며 즉석 연주에 나선다.

"나는 어떤 역할을 하는 사람인가?"

자기 인식, 자기 정체성에 따라 동기부여도 달라지고 행동도 달라진다.

우리는 외부로부터 주어진 역할이나 직업의 이름이 '나'라고 생각한다. 그러나 박용후가 관점 디자이너로 자신을 재정의하고, 디즈니랜드 청소부가 자신을 배우로 정의하듯이, 자신이 스스로 어떤 사람인가 정의하는 것, 즉 자기의 역할 정체성이 동기를 다르게 만든다.

얼마나 이 일을 오래 할 생각인가

"교육담당자 일을 얼마나 오래 할 수 있을 것 같아요?"
"이 회사에 얼마나 오랫동안 근무할 것 같아요?"

면접 때 자주 질문하는 말이기도 하고 가끔 대화하면서 상대방에게 궁금해서 던지는 질문이기도 하다. '자신이 지금 하고 일을 얼마나 오래 할 것 같은가?' 이 질문에 대한 솔직한 답변에 따라 동기가 달라진다는 연구가 있다.

심리학자 게리 맥퍼슨은 7~8세부터 고등학생까지의 종단 연구를 통해 아이들이 악기를 연습할 때 동기의 결정적인 요소가 무엇인지를 연구했다. 그는 피아노, 바이올린, 첼로 등 각종 악기를 배우는 아이들 중 어떤 아이들은 더 열심히 연습하고 실력 증가가 빠르고, 왜 어떤 아이들은 실력 증대가 안 되고 노력을 하지 않는 것일까 궁금해하며 어떤 요소가 동기에 영향을 미치는가에 대해 호기심을 갖고 연구를 했다.

맥퍼슨 박사는 원인을 찾기 위해 아이들의 아이큐, 청각적 감수성, 소득 수준, 운동 신경 등 다양한 요소를 입력해 보아도 결과에 영향력을 주는 의미 있는 요소를 발견하지 못했다. "열심히 하는 동기의 원인은 무엇일까?" 이에 대한 답은 우연히도 첫 레슨을 할 때 물었던 "악기를 배우기 시작할 때 얼마 정도 오래 할 것인가?"라는 질문에 있었다는 것을 발견했다.

맥퍼슨 박사는 오래 하는 기간을 올해까지(단기), 초등학교 때까지(중기), 고등학교 때까지 또는 평생(장기)으로 분류했더니, 처음 설문지에서 장기로 오랫동안 악기를 배우고 연습할 것이라고 대답한 사람일수록 노력도 더 많이 했고 실력 증가 속도도 빨랐다.

자신이 하는 일을 평생 동안 하겠다는 것은, 그 일이 자기의 정체성이 된다는 것이고, 자기 정체성의 일부가 된 일에는 더 많은 노력을 하게 되고 결과도 좋았다.

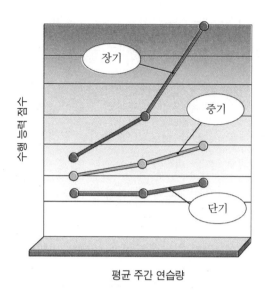

평균 주간 연습량

　　몇 년 정도 취미생활로 그림을 그리는 사람과, 평생을 그림을 그리면서 보낼 것이라고 생각하는 사람이 그림에 들이는 노력은 당연히 다를 것이다. 자신이 하고 있는 일을 얼마나 오래할지 아는 것이 자기 정체성을 형성하고 또한 자기 동기부여가 된다. 스스로에게도 질문을 해 보면 좋을 것 같다. "지금 하고 있는 일을 얼마나 오래 할 것인가?"

나에 대해 얼마만큼 알고 있나

　　자신에 대한 지식이 많아질수록 동기가 높아진다. 예를 들어, 자신이 뭘 좋아하는지, 자신의 장·단점이 무엇인지, 자신이 어떤 능력이 있는지를 알면, 인생의 목표를 더 잘 세울 수 있고 더 열심히 살겠다는 의욕과 열정이 높아진다. 자주 인용하지만, 소크라테스가 "네 자신을 알라."라고 했듯이, 자신을 아는 것이 바로 의욕과 열정을 높이는 방법이다.

뇌 과학으로 살펴보면 자기에 대한 지식은 뇌의 앞부분 전두엽에 위치하고 있다고 한다. 그리고 전두엽이 발달한 사람은 동기가 높고 자신에 대해 지식을 많이 갖고 있다고 한다.

역사, 사회, 경제, 물리 등 외부 세상에 대한 다양한 지식과 기술에 대한 공부도 필요하지만 자신에 대한 공부도 성공을 위해 꼭 필요하다. 면접 때 빠지지 않고 묻는 질문이 '자기소개'이다. 이 질문의 목적은 자신에 대해 얼마나 정확하게 알고 있고 그것을 어떻게 말로 표현할 수 있는가를 보는 것이다. 자신에 대해 정확하게 많이 알고 있을수록 동기가 높다.

☑ 나의 장점을 알고 자주 사용하면 자신감이 증가한다

음악이든, 운동이든, 수학이든 남들보다 잘하거나 숙달된 능력이나 기술을 가지고 있으면 자신감이 생긴다. 자신감은 동기를 향상시킨다. 사람은 잘하는 것도 있고 못하는 것도 있다. 자신이 잘하는 것을 알고 자주 사용하는 것은 동기를 높이는 중요한 방법이다.

파블로 브리뇰이라는 심리학자는 피실험자들에게 필적학에 관한 실험에 참가한다고 설명하고 주로 쓰는 손(대개 오른손)과 그렇지 않은 손(왼손)으로 자신의 성격의 장점과 단점을 적도록 하고 난 뒤 바로 자신감을 평가하게 했다. 오른손으로 자신의 장점을 쓴 사람은 왼손으로 자신의 장점을 적은 사람보다 자신감이 증가하였다.

쓰지 않은 손으로 자신의 장점 목록을 쓸 때 비틀비틀하고 서툴게 적으면서 그런 행동을 자신의 눈으로 보게 되니 자신의 능력에 확신을 갖지 못하게 되었다. 이 심리학 실험 결과에서 유추할 수 있는 사실은, 자신감을 갖기 위해서는 자신이 잘하는 것을 자주 해야 한다는 것이다.

중학교 때 필자는 국어선생님으로부터 글을 날카롭게 잘 쓴다는 피드백을 받았다. 물론 그것이 전문 작가나 글을 잘 쓰는 다른 사람에 비해 턱없이 부족한 실력이지만, 주변에 있는 사람보다 낫다는 평가일 것이다. 아마 동네에서 축구를 잘한다는 소리 듣는 것과 비슷할 것이다.

그래도 그런 사소한 자신의 장점을 안다는 것은 중요한 일이다. 필자는 매일 페이스북에 글을 하나씩 올린다. 페이스북 글쓰기는 매일 쉽게 할 수 있다. 심리학, 영화, 그리고 자기 개발에 관련된 주제로 매일 짧은 글을 쓴다. 이렇게 매일 글을 쓰니 글쓰기에 대한 자신감이 증가한다.

사실 객관적으로는 남들과 비교하면 글쓰기를 그렇게 잘하는 편은 아니라고 생각한다. 그러나 글쓰기는 필자가 가진 여러 가지 능력과 스킬 중에서는 그래도 조금은 나은 편이라고 생각하기에 자주 글을 쓴다.

장점을 매일 사용하는 것은 자신감 향상과 동기유발에 좋은 방법이다. 동기를 개발하고 싶으면 자신의 장점을 파악하고 그것을 자주 사용하려고 노력하면 좋다. 필자가 아는 강사는 매일 아내에게 자신이 개발한 유머를 한 가지 사용하고, 아내가 웃으면 다른 사람에게 사용해 보고, 반응이 좋으면 강의에도 사용한다고 말했다. 물론 그는 현재 인기 있는 뛰어난 강사가 되었다. 자신이 잘하는 것을 파악하고 자주 사용할 때 자신감이 증가하고 부상으로 실력이 증대된다.

☑ 약점을 알면 동기유발이 된다

모든 사람은 장점과 약점이 있다. 장점을 자주 사용하는 것이 동기유발에 도움이 된다고 말했는데, 역설적으로 자신의 약점을 잘 아는 것도 자신의 동기개발에 도움이 된다. 자신의 구체적인 약점을 알고 있으면 주변 사람에게 도움을 받으려고 하기 때문에 동기가 높아진다.

예를 들어, 꼼꼼하지 않은 약점이 있다는 것을 안다면 서류를 만든 뒤, 본인이 한 번 더 확인하거나 다른 사람에게 검토를 부탁해서 실수를 줄일 수 있다. 본인이 인색하거나 관대하지 않은 약점이 있다면, 뭔가 베풀어야 할 상황이 닥칠 때 스스로에게 '맞아, 나는 좀 인색한 경향이 있으니 평상시 나의 모습보다 조금은 더 베풀어야지.' 하면서 자신을 보완하려고 하기 때문에 높은 동기로 작용할 수 있다.

심리학자 아들러가 말했듯이 열등감(약점)은 동기의 큰 원천이 된다. 자신이 뭔가 못한다는 것을 알면 그것을 채우기 위해 더 많은 노력을 하기 때문에 강한 동기의 요소로 작용한다. 많은 경우 사람들이 가진 약점 그 자체 때문에 업무나 인간관계에 문제가 생기는 것이 아니라, 자신의 약점을 잘 모르기 때문에 문제가 생긴다. 모든 사람은 당연히 약점이 있고 다른 사람으로부터 도움을 받으면서 산다.

많은 리더가 약점이 많지만 자신의 부족함을 스스로 알고 있으면 큰 문제가 생기지 않는다. 오히려 문제가 생기는 것은 리더들이 자신이 리더십이 뛰어나고 많은 면에서 뛰어나고 완벽하다고 오해를 하는 경우이다.

사람들은 자신의 목표는 알고 있지만 자신의 약점은 알기도 어렵고 잘 고치기도 어렵다. 약점에 대해서는 무의식적으로 눈을 감고 회피하고 싶어 하기 때문이다.

약점은 성취 의욕을 결코 꺾지 않는다. 정확히 알고 보완할 수 있는 방법을 찾을 수 있다면 오히려 성취동기를 높일 수 있다. 모든 사람이 장점과 단점이 있고 그것에 대해 정확한 지식을 갖는 것이 동기를 높이는 방법이라고 생각한다.

자신에 대해 꼭 알기 위해 스스로에게 해야 할 질문

질문	고려할 사항
나는 지금 어떤 역할을 하고 있는가?	지금 역할이 동기를 부여하지 않는다면 당신은 역할을 좀 더 넓게 정의해 보라. 과거 잘했던 일, 미래에 하고 싶은 일을 생각해 보고 자신이 할 수 있는 역할을 다양하고 넓게 다시 정의해 보라.
지금 하고 있는 일을 얼마나 오래 할 것인가?	가장 오랫동안 하고 싶은 일을 찾아라. 그것이 자기를 셀프 동기부여해 준다.
나의 목표달성에 도움이 되는 장점은 무엇인가?	남들보다 잘하는 것이 아닌, 자기가 가진 재능과 기술들 중에 가장 잘하는 것을 찾아라. 그리고 그것을 자주 사용하라.
나의 목표달성에 방해가 되는 단점은 무엇인가?	단점을 알면 다른 사람의 도움을 받을 수 있고 보완할 수 있다.

04

외적 동기를 잘 사용하는 방법

동기를 유발하는 방법으로 칭찬과 보상을 많이 거론한다. 칭찬과 보상은 외부에서 주어지기 때문에 외적 보상이라고 말한다. 칭찬과 보상의 효과는 매우 강력하지만 몇 가지 한계가 있다. 그중에 가장 큰 약점은 지속성에 한계가 있다는 점이다. 칭찬과 보상의 본질적 특성을 살펴보고 좀 더 효율적으로 사용하는 방법을 알아보자.

칭찬과 보상은 효과가 빠른 약

"어떻게 하면 직원들을 동기부여할 수 있나요?"

회사에서 직원들에게 동기부여하는 방법에 대해 물어보면 가장 쉽게 많이 대답하는 것이 '칭찬과 보상'이다. 보상 방법으로 주로 급여인상, 보너스, 복리후생, 휴가, 회식을 많이 얘기한다. 실제로 기업에서도 직원들을 동기부여하기 위해서 이런 방법을 많이 사용하고 있다. 칭찬과 보상과 같은 외부에서 주어지는 동기요소를 심리학에서 외적 동기라고 한다.

칭찬과 보상은 효과가 빠르다. 수업에 매우 소극적이고 참여를 하지 않는 학습자들도 강사가 질문에 답하면 상품을 준다고 할 경우 바로 참여한다. 백화점에서도 공짜로 사은품을 준다고 하면 갑

자기 사람들이 많이 모인다. 사람들은 보상을 좋아하고 보상에 빠르게 반응한다.

칭찬과 보상은 효과가 빠른 약이기 때문에 사람들이 동기부여에 가장 많이 사용한다. 칭찬과 보상의 장점은 처음 일을 시작하는 신입사원이나 처음 뭔가를 새로 배우는 아이들에게 무엇이 중요한지를 알려 주는 데 매우 효과적이며 새로운 습관을 만드는 데도 도움이 된다는 점이다.

예를 들어, 아침 운동을 하기 싫어하는 아이에게 아침 운동을 시작하게 만드는 가장 쉬운 방법도 보상이다. 아이는 처음에 아침 운동을 싫어하지만 운동을 할 때마다 아이가 원하는 물질적 보상을 주면 아이는 열심히 운동을 할 것이다.

처음에는 달콤한 보상 때문에 운동을 시작했지만 나중에 물질적 보상이 없어도 아침 운동을 한 후 기분이 상쾌해지고 체력이 좋아져, 아침 운동 자체가 즐거움이 되는 보상을 통해 멋진 습관이 만들어지는 성공 케이스가 생기기도 한다.

외적 보상을 받기 위해 시작된 행동이 나중에 그 자체가 즐거움이 되는 '내적 동기'로 전환되는 것이 가장 이상적인 동기부여 방법일 것이다. 그러나 외적 보상은 단기적 효과만 발휘하고 내적 동기로 전환되지 않는 경우도 많다. 외적 동기의 특성에 대해 자세히 살펴보고 외적 동기를 가능하면 실속 있게 효율적으로 사용할 수 있는 방법도 살펴보자.

외적 보상은 동기의 만능 약이 아니다

외적 보상은 효과가 빠르지만 몇 가지 약점이 있다. 외적 동기에 대한 심리학 연구를 기초로 그 약점들에 대해 먼저 검토하면 외적 동기를 더 효과적으로 잘 사용할 수 있을 것이라 생각한다.

☑ 외적 보상은 지속성에 약점이 있다

외적 보상을 통해 유발된 행동은 보상 의존적이기 때문에 보상이 없어지면 바로 행동이 중단된다. 따라서 보상을 통한 행동유발은 단기적으로 효과가 있으나 지속성에 한계가 있다. 예를 들어, 아이가 책을 읽을 때마다 용돈을 주는 것은 독서 행위를 시작하는 데는 도움이 되나 용돈을 주지 않으면 이 독서행동은 바로 사라진다. 또 하나의 예로 군대에서의 아침 운동을 들 수 있다. 군대에서는 모두 아침 일찍 일어나서 조깅을 한다. 조깅을 하지 않으면 처벌을 받기 때문이다. 그러나 군대를 제대해서 운동을 하지 않아도 처벌을 받지 않는 환경에 놓이면 아침 조깅은 바로 사라진다.

사실 많은 사람이 칭찬과 보상을 받기 위해 행동하지만, 한편으로 처벌이라는 고통을 피하기 위한 행동도 많이 한다. 심리학에서 칭찬과 보상뿐만 아니라 처벌도 외적 동기로 분류한다.

외적 동기의 약점은 칭찬, 보상, 처벌이 없어지면 외적 동기로 유발된 행동도 없어지는 것이므로 외적 동기는 행동의 지속성에 한계가 있다. 또한 외적 동기부여 방법은 조직에서 시행하기에는 경제적, 물질적 제한점도 있다.

물질적 보상을 통한 동기부여는 처음에는 효과가 있으나 금방 상대방에게 익숙해지고 당연하게 받아들여지게 때문에 물질적 보상을 통한 동기유발을 위해서는 시간이 갈수록 이전에 준 물질적 보상보다 다음에 더 큰 보상을 주어야 하는 단점이 있다.

예를 들면, 처음에는 상사가 맛있는 점심식사로 직원에게 동기부여할 수 있겠지만, 나중에는 식사 정도로는 안 되고 선물이나 급여 인상과 같이 물질적 보상의 수준을 계속 올리거나 보상의 변화를 주어야만 동기가 지속된다.

하지만 조직에서는 물질적 보상을 계속 높이는 데 한계가 있기 때문에, 어느 정도 수준에서 스톱이 된다. 따라서 물질적 보상을 통한 동기부여 방법은 학습장면 같은 단기적 기간에는 시행하기 좋으나 장기적 시행에는 현실적으로 어려움이 많다.

어떤 분야이든 성공과 성취를 이루기 위해서는 단기가 아닌, 장기적인 노력을 필요로 한다. 따라서 직원들의 성취동기를 오랜 기간 지속시키기 위해서는 외적 보상만으로는 어렵다.

앞에서 거론했듯이 '높은 동기행동'의 핵심요소는 지속성이다. 정리하면 외적 보상은 행동을 시작할 때는 매우 효과적이지만, 장기적으로 동기를 지속시키기에는 현실적 한계가 있다.

☑ 외적 보상은 내적 동기의 핵심인 흥미를 줄인다

심리학자가 아이들을 두 집단으로 나누어 재미 있는 게임을 하게 한 뒤, 한 집단의 아이들에게는 고생했다고 돈을 주고(보상 집단), 다른 집단의 아이에게는 아무 보상도 주지 않았다(비보상 집단).

심리학자가 놀이가 끝났다고 말한 뒤, 가져올 것이 있으니 잠시 대기하라 말하고 15분 후에 돌아왔다. 기다리는 동안 두 집단의 아이들의 행동을 카메라로 관찰했다.

돈을 준 집단의 아이들은 기다리는 동안 지금까지 재미있게 했던 게임을 갖고 놀지 않았다. 돈을 받지 않는 게임은 할 필요가 없다고 생각한 것이다. 반면, 돈을 받지 않은 집단의 아이들은 기다리는 동안 게임을 즐겼다.

돈을 받았던 집단의 아이는 게임에 대해 돈으로 보상을 받은 순간 게임을 노동으로 인식했다. 따라서 나중에 자신이 가지고 놀았던 게임이 재미있었는지 평가하게 했을 때 '게임이 재미없다.'고 평가했다. 반면, 돈을 받지 않은 집단은 '게임을 재미있다.'고 평가했다.

자신이 좋아하는 게임도 외적 보상인 돈을 받으면 게임에 대한 흥미를 잃어버린다. 게임이 재미있어 한 것이 아니라 보상을 받기 위해서 게임을 했다고 생각한다. 그래서 바다의 배 위에서 고기를 잡는 행위도 돈을 받고 고기를 잡으면 노동이 되고, 선장에게 돈을 주고 고기를 잡으면 멋진 레저 활동이 되는 것이다.

기업 교육에서 이루어지는 강의 중에는 내용이 상당히 유익하고 재미있는 것들도 많다. 퇴근 후 야간에 자발적으로 만 원씩 내고 필자가 운영하는 교육센터에 교육을 받으러 다양한 회사에서 많은 분이 온다.

실례로 한 회사는 교육을 야간 연장 업무로 인정하고 참가자에게 교육비와 야간 수당을 제공했다. 참가자들은 매우 만족했다. 그런데 회사가 정책을 바꾸어 교육비는 지원하되, 연장 근무 수당을 제공하지 않았다. 그러자 학습자들은 교육에 불만이 많아지고 교육 참가 인원도 줄었다.

반면, 처음부터 야간 수당을 받지 않고 자비를 부담하며 자율적으로 교육에 참가한 교육생들은 교육 만족도도 높고 참가율도 떨어지지 않았다. 외적 보상은 앞에서 설명했듯이 효과는 빠르나 내적 동기의 핵심 요소인 '흥미'를 줄일 수 있는 한계점이 있다.

☑ 외적 보상은 자발성, 자율성을 줄일 수 있다

외적 보상은 조직에서 어떤 일이 중요한지 알려 주고, 목표를 향해 열심히 행동하도록 동기를 유발하기도 하지만, 다른 한편으로는 사람들을 통제하는 수단으로 사용되어 직원들이나 아이들의 자발성과 자율성을 침해할 수도 있다.

예를 들어, 상사의 칭찬과 보상에 길들여지면 직원들은 상사의 마음에 드는 행동만 하려고 하고 상사의 눈치를 보게 되는 단점도 있다. 칭찬과 보상에 길들여진 직원들은 마음속으로 이런 말을 하게 된다.

"시키는 일만 잘 하자."

"상사의 말을 잘 듣자."

"칭찬과 보상을 받을 수 있는 일만 하자."

이렇게 되면 직원들은 상사의 의견과 다른 아이디어나, 실패할 수 있는 도전적인 일은 시도하지 않고, 쉽게 결과를 얻을 수 있는 일, 보상을 받을 수 있는 일에만 관심을 갖게 된다. 특히 상사가 막대한 권한을 갖고 있거나 칭찬과 보상 그리고 처벌 권한을 모두 갖고 있다면 자율적·자발적 조직이 되기보다 상사의 뜻에만 따르는 매우 통제적인 조직이 될 수도 있다.

상사나 부모가 내 말을 잘 들으면 칭찬과 보상을 준다는 말은, 역으로 내 말을 듣지 않으면 아무것도 주지 않는다는 의미를 포함하고 있기 때문이다.

필자의 글의 요지는 모든 칭찬과 보상이 모든 행동의 자발성을 줄인다는 그런 이분법적인 의미는 아니다. 외적 보상도 필요 이상으로 지나치면 통제로 사용될 수 있다는 외적 보상의 한계성을 말하는 것이다.

☑ 외적 보상은 호기심과 탐색 욕구, 도전정신을 제한할 수 있다

외적 보상의 또 하나의 단점은 인간의 성장에 가장 중요한 호기심과 탐색 욕구를 제한할 수 있다는 것이다. 심리학자가 어린아이들에게 난이도가 보통 수준인 블록 퍼즐을 가지고 놀게 한 후, 그 다음 새로운 블록 퍼즐을 주고 놀게 했다. 이때 아이들에게 놀이의 난이도를 선택할 수 있게 했다.

이전 퍼즐보다 더 복잡하고 어려운 퍼즐과 더 쉽고 간단한 것 중에 선택하게 했는데 대부분의 아이는 자신이 가지고 놀았던 것보다 약간 더 어렵고 복잡한 것을 자발적으로 선택했다.

이전에 가지고 놀았던 퍼즐보다 더 간단하고 쉬운 것을 선택하는 아이들은 거의 없었다. 컴퓨터 게임도 마찬가지이다. 한 레벨에서 익숙해지면 자연스럽게 조금 더 높은 난이도에 도전한다. 게임에서 더 높은 수준을 선택한다고 해서 어떤 물질적 보상이 주어지는 것은 아니다.

사람은 자연스러운 상황에서는 기술적으로 한 단계에 익숙해지면, 자신이 할 수 있는 것보다 약간 난이도가 높은 어려운 수준의 과제에 도전하는 것이 본성이다.

실험방법을 달리하여, 게임 선택이 끝나고 아이들을 두 그룹으로 나누고, 한 그룹에게는 퍼즐을 풀면 돈을 주고 다른 그룹에게는 돈을 주지 않았다. 그리고 아이들에게 난이도가 다른 블록 퍼즐을 선택하게 했을 때 돈을 받은 그룹은 쉬운 퍼즐을 선택했고, 돈을 받지 않은 그룹은 좀 더 도전적인 과제를 선택했다. 보상이 새로운 것에 대한 탐색 욕구, 도전정신을 제한한 것이다.

조직에서도 이런 현상을 많이 볼 수 있다. 업무 분장 회의를 할 때 똑같은 직급의 직원들에게 한 사람에게는 새롭고 어려운 일을 할당하고, 다른 직원에게는 쉽고 간단한 일을 할당하면 새롭고 도전적이고 어려운 일을 맡은 직원들은 불만을 표시한다.

"월급은 똑같은데, 왜 내가 매번 더 어려운 일을 해야 하지?"라고 말한다.

사실 어려운 일은 자신의 능력을 발전시키고 새로운 것을 배울 수 있는 기회도 되지만, 직원들은 같은 급여(보상)를 받는다면 대부분 쉽고 편한 일을 선택하고 싶어 한다. 다른 직원보다 더 많은 보상이 없다면 자신이 더 어려운 일을 해야 할 이유가 없다고 생각한다.

정리하면 외적 보상은 내적 동기의 핵심 요소인 인간의 타고난 호기심과 도전정신을 제한할 수 있다. 따라서 외적 동기 유발 방법과 내적 동기 유발 방법을 함께 사용해야 한다. 내적 동기 유발 방법은 다음 장에서 자세히 설명할 것이다.

칭찬과 보상, 이왕이면 효과적으로 사용하자

지금까지 외적 동기의 장점과 한계에 대해서 상술했다. 독자들은 이 글을 읽고 "그래서 필자의 결론은 외적 동기를 사용하라는 말인가, 하지 말라는 말인가?"라고 질문을 할 것 같다.

필자는 학생들과 직원들의 동기를 올리기 위해 외적 동기 방법을 사용하지 말라는 것이 아니라 외적 동기의 최대한 장점을 잘 살리고 단점을 보완해서 제대로 잘 사용하자는 것이 글을 쓰는 논지이다.

외적 동기는 잘 사용할 경우 효과가 빠르고 좋은 결과를 바로 얻을 수 있으며 또한 외적 동기로 유발된 행동이 내적 동기로 연결될 수 있는 계기를 만드는, 마중물 역할로 사용 가능하다.

칭찬과 보상은 내적 동기가 없는 사람에게 무엇인가 새로운 것을 배우고 익히거나 새로운 일을 시작하게 할 때 매우 효과적인 동기부여 방법이다. 조직에 금방 입사한 신입사원들은 스스로 회사에 대해 비전과 목표를 갖기 어렵다. 그들이 회사에 입사한 가장 중요한 이유는 일의 의미나 비전보다는 급여와 보상이다.

신입사원들이 급여를 보고 회사를 선택한다고 기성세대들은 물질적이라고 말하겠지만 대학을 졸업한 그들에게는 월급을 받아서 원하는 것을 마음껏 하고 싶은 것이 가장 우선시되는 욕구이다. 당연히 월급을 많이 받아야 원하는 것을 할 수 있고 좋은 것을 가질 수 있다.

그래서 일본에서는 신입사원이 입사하면 학생시절 못 먹었던 비싼 요리를 많이 먹게 하고 가라오케 같은 좋은 곳에 데려가서 잘 놀게 한다고 들었다. 신입사원들은 월급을 받으면 몇 달간 신나게 쓰는데 이렇게 몇 달을 보내면, 계속 잘 놀고 돈을 잘 쓰기 위해 회사에서 일을 열심히 해서 성과를 내고 인정받아야 한다는 것을 스스로 깨닫게 된다고 한다.

외적 보상이란 새로운 의욕을 촉발하는 데 매우 중요하다. 그리고 같은 외적 보상을 주더라도 좀 더 약효를 살리는 효과적인 외적 보상 방법을 몇 가지 제시한다.

☑ 칭찬과 보상은 즉시 해야 효과적이다

칭찬과 보상은 원하는 행동을 보이면 바로 반응을 보여 주는 '즉시성'이 중요하다. 칭찬과 보상은 반응 행동과 연합이 되어야 한다. 반응 행동과 보상이 잘 연결되려면 바람직한 행동을 보인 후 바로 보상을 주어야 한다. 자신의 바람직한 행동에 대해 6개월 후, 1년 후 칭찬과 보상이 주어지면 반응 행동과 보상의 연합이 잘되지 않아 보상의 효과가 약해진다.

개의 종소리 실험에서 개에게 종소리를 들려준 후, 바로 음식을 주어야 종소리와 음식 제공이 잘 연합된다. 개에게 종소리를 들려준 후 10분 후에 음식을 주면 종소리와 음식의 연관성이 잘 만들어지지 않아 학습이 잘되지 않는다.

직원이 일을 잘하거나 어려운 일을 이루었을 때 동기부여를 하고 싶다면 행동 후 칭찬과 보상을 바로 하는 것이 좋다. 시기가 늦은 칭찬과 보상은 효과가 떨어진다. 심리학자가 실제 직원들을 대상으로 한 연구에 의하면 칭찬이나 보상을 늦게 하면 그것을 칭찬이나 보상으로 여겨지지 않는다고 답했다.

보상은 어떤 의미로 보면 '긍정적인 피드백'이라고 할 수 있다. 화살을 쏘고 난 뒤, 결과를 보고 싶어 하는 것과 같다. 결과를 볼 수 없으면 의욕이 생기지 않는다. 부하 직원이 일을 잘했을 때, 상사는 연말에 보상으로 보너스를 줄 것을 속으로 혼자 생각하고, 중간에 아무런 칭찬이나 피드백을 주지 않으면 동기부여가 약해질 수 있다. 나중에 보너스를 줄지언정 중간에 칭찬도 하고 작은 선물

도 하고 밥도 사 주는 것이 나중의 한 번의 큰 보상보다 효과적일
수 있다.

외적 동기를 잘 사용하지 못하는 리더들은 직원들에게 많은 금
전적 보상을 주고도 동기유발의 효과를 거두지 못하는 경우가 많
다. 물질적 양의 절대적 크기가 바로 외적 동기의 양을 증대시키는
것은 아니다.

칭찬은 보상이기도 하지만 한편으로 올바른 방향으로 가고 있다
는 것을 알려 주는 피드백이며 그 행동을 더 자주 많이 하라는 격
려 메시지이기도 하다. 정리하면 외적 동기의 효과를 높이는 방법
은 행동이 끝난 후 바로 자주 하는 것이다.

☑ 결과만 보상을 할 것이 아니라 과정에도 보상을 주라

직원들의 동기를 높이기 위해서 칭찬을 많이 하라고 말하면 어
떤 분들은 '직원들이 특별하게 잘하는 것이 없어서 칭찬을 못 한
다.'고 말하는 분들도 있다.

"칭찬은 고래도 춤추게 한다."라는 말이 있다. 이 말은 외적 동기
의 중요성을 강조하는 말이다. 하지만 조련사가 고래가 춤을 완벽
하게 잘 출 때까지 기다렸다가 고래에게 먹이와 칭찬을 주는 것은
아니다.

고래가 조련사가 원하는 수준의 춤을 추지 않더라도, 조련사의
설정한 목표에 고래가 조금이라도 가까이 접근하는 행동을 하면
조련사는 먹이를 준다. 예를 들어, 고래가 머리를 물 밖으로 조금

만 내밀어도 먹이를 주고 원하는 만큼의 높은 점프가 아니고 조금만 점프를 해도 먹이를 준다.

개를 훈련하는 방법도 마찬가지이다. 내가 정말 원하는 목표 행동에 도달해야만 보상이나 칭찬을 주는 것이 아니라 내가 원하는 행동에 조금만 가까운 행동을 해도 칭찬과 보상을 주는 것이다.

"잘해야지, 결과가 좋아야지, 내가 마음에 들어야 칭찬해 주지."라고 최종 결과만 생각하면 칭찬할 것이 별로 없다. 어떤 행동이 목표로 가는 진행 과정상 조금이라도 발전이 있으면 칭찬과 보상을 주는 것이 외적 동기를 활용하여 변화를 만들고 동기부여하는 방법이다.

결과가 좋을 때는 누구나 기분이 좋고 쉽게 칭찬과 보상을 줄 수 있지만, 결과를 얻는 과정은 고통스럽고 중간에 포기하고 싶다. 그럴 때 오히려 칭찬과 보상이 필요하다. 등산을 예로 들면 리더는 사람들에게 정상에 올랐을 때의 기쁨과 보상을 이야기하면서 현재의 배고픔과 고통을 참고 끝까지 정상까지 오르라고 독려할 것이다. 물론 정상에 오르면 리더가 충분히 보상을 해 주겠지만, 의지가 약하고 체력이 약한 사람은 고통의 시간이 너무 길어지면 중간에 포기하고 만다. 이렇게 중간에 포기하고 나면 다음에 다시 산을 가려고 하지 않을 것이다.

직원들이 힘들 때는 리더가 중간에 쉬어 가면서 과일도 먹고 에너지를 회복시켜 주고 좋은 말을 하면서 격려를 해 주고 칭찬을 해 주어야 계속 산으로 올라갈 동기가 생긴다.

부모가 공부를 못하는 학생들에게 성적이 오르면 칭찬과 보상을 하려고 준비를 해 두면, 칭찬과 보상을 해 줄 기회가 영영 없을 수도 있다. 성적이 좋지 않더라도 책상에 한 시간이라도 앉아만 있을 때 성적과 상관없이 고생했다고 보상을 주면 의욕이 조금씩은 올라갈 수 있다.

결과만을 칭찬하지 말고 노력을 칭찬하고 과정에서 발전한 점을 발견하고 칭찬과 보상을 준다면, 칭찬과 보상은 훌륭한 외적 동기의 요인으로 작용할 것이다.

정리하면, 목표로 향하는 방향이 맞으면, 최종 목표나 결과를 이루지 않아도 중간 단계에서 칭찬과 보상을 주어야 한다. 이렇게 동기부여하기 위해서는, 칭찬을 해 줄 대상에게 항상 관심을 갖고 관찰하는 것이 필요하다.

☑ 예상 외의 칭찬과 보상의 효과

연애를 할 때, 생일, 화이트데이, 밸런타인데이, 크리스마스 등 정해진 날에 선물을 하면 상대는 그 선물에 아주 기뻐하기보다 다소 당연하다는 듯이 받는다. 이렇게 정해진 날 주는 선물은 아주 큰 것을 주지 않는 한 크게 기뻐하지 않고 선물의 효과가 생각보다 크지 않다.

오히려 가끔 정해져 있지 않은 날 깜짝 선물을 하면 작은 선물로도 효과가 크다. 마찬가지로 조직에서도 매번 정해진 인사 고과 평가 시즌에만 공식적으로 칭찬과 보상을 할 것이 아니라 가끔 불규칙적으로 칭찬과 보상을 하면 보상의 효과가 크고 지속성도 높다.

동물 대상의 실험에서도 규칙적이고 일관적이고 계획된 보상으로 학습된 행동은 보상이 주어지지 않으면 소거가 빨리 이루어진다. 그러나 간헐적인, 비규칙적인 보상을 받은 행동은 보상이 없어져도 학습된 행동이 잘 사라지지 않는다.

규칙적이고 판에 박힌 정해진 시기의 보상보다 예상치 않은 시기의 보상이 효과가 크다. 월급 많이 주고 정해진 정기 보너스 많이 준다고 우리 회사 직원들의 외적 동기가 높아진다고 볼 수 없다. 월급과 보너스에만 의존하는 보상방법은 총량적으로 많이 주고도 실제적으로 동기부여 효과가 약할 수도 있다.

정기적으로 주는 똑같은 금액의 보상을 혹자는 '단체 문자'에 비유한다. 단체 문자를 받으면 동기부여가 약해지듯이 정기적이고 획일적인 외적 보상을 받으면 동기부여 효과가 약하다는 뜻의 비유일 것이다.

☑ 외적 보상을 내적 동기로 연결하기

가장 이상적인 외적 보상방법은 초기의 외적 보상이 나중에 내적 동기인 흥미로 그리고 습관으로 연결되는 것이다. 예를 들어, 돈을 받기 위해 독서를 시작했는데, 독서 그 자체에 흥미를 갖게 되어 나중에 돈을 주지 않아도 열심히 책을 읽는 것이 가장 이상적으로 외적 동기가 내적 동기로 연결되는 바람직한 모형이다.

모든 외적 동기가 내적 동기로 연결되지 않지만, 내적 동기로 연결될 확률을 높이는 보상 방법은, 첫 번째는 보상을 줄 때 모든 사람에게 똑같은 선물이나 돈보다, 상대에게 맞게 개별화된 방법으로 보상하는 것이다. 보상을 할 때 상대방이 진정으로 원하는 것 또는 상대방의 꿈과 연계될 수 있는 것을 제공하면 내적 동기와 연결될 수 있다.

예를 들어, 일을 잘하는 부하 직원에게 동기부여로 보상을 주고 싶다면 월급을 올려 주고 보너스를 주는 것도 좋은 방법이지만, 그가 가진 꿈이 강의를 잘하는 것이라면, 강의 스킬 향상 교육을 보내 주는 것이 내적 동기를 올리는 좋은 보상 방법이다.

아이가 축구를 잘한다면 용돈보다 국가 대표팀 축구 경기 티켓을 선물로 주면 좋다. 이렇게 그가 좋아하고 성장할 수 있는 것과 관련된 보상을 주면, 그것은 단지 물질적 보상에 그치는 것이 아니라, 그의 미래의 성장에 대한 관심의 표현이며, 그가 추구하는 목표에 대한 지지를 보내는 것이 된다. 이런 보상방법이 내적 동기와 연결시키는 물질적인 보상이다.

리더는 직원 면담 시 꿈이나 관심사를 물어보고 그것을 기억해 두었다가 관련된 보상을 주면 외적 보상이 내적 동기로 전환될 수 있다. 이렇게 개별화된 보상을 하려면 직원들을 잘 관찰하고 잘 이해해야 하고 보상방법에 대해 연구도 해야 하기 때문에 실천하기 쉽지 않은 일이다.

필자와 친분이 있는 IT기업 마이다스아이티 이형우 사장은 필자에게 나침반이 달린 망원경을 선물했다. 그는 필자에게 무슨 선물을 할지 많이 고민했다고 한다. 그리고 필자에게 딱 맞는 선물로 망원경을 골랐다고 말하면서 선물에 대해 설명을 해 주었다.

'세상을 남들보다 멀리 바라보고 그리고 정확한 방향을 제시해 주는 것, 즉 세상의 망원경과 나침반이 되는 것이 세상에서 필자가 해야 할 역할'이라고 말했다. 외적 동기부여를 위해서 선물을 할 때, 이런 고민을 하면 그 선물이 단순히 외적 동기에 그치지 않고 의욕과 열정을 불러일으키는 내적 동기로 작용할 수 있을 것이다.

이 장에서는 외적 동기의 한계점과 외적 동기의 효과적인 사용법에 대해서 다루었다. 조직에서 직원들의 동기부여를 위해 칭찬과 보상과 같은 외적 동기는 꼭 필요하다. 그러나 외적 동기에만 의존하지 말고, 보상 없이도 스스로 동기부여가 되는 내적 동기를 불러일으키는 방법도 외적 동기와 함께 사용하면 좋을 것이다. 다음 장에서는 내적 동기를 불러일으키는 방법에 대해 다루겠다.

실천을 위한 Tip

보상의 방법

1 즉시 주라.

2 결과만이 아니라 과정에도 보상을 주라.

3 상대가 예상하지 않는 비정기적 보상을 주라.

4 외적 보상과 내적 동기를 연결시키라.

05

내적 동기의 뿌리는 자기 결정권

칭찬과 보상 그리고 처벌이 외적 동기이다. 외부에서 주어지는 요소나 영향력이 동기를 만드는 것이다.

'외적 동기'와 대립되는 개념으로 '내적 동기'가 있다. 이 동기는 외부적으로 칭찬과 보상, 처벌이 없이도 동기가 생기는 것을 뜻한다. 내적 동기의 핵심 요소 중의 하나가 자율이다. 인간은 자기 결정권이 주어지면 외적 보상이 없어도 높은 동기 행동을 한다.

자기 결정권은 타고난 본성

사람들에게 "어떤 상사가 가장 좋으십니까?"라고 물으면

"일일이 작은 일에 사사건건 간섭하지 않는 상사가 좋습니다."라
고 대부분 말한다.

"어떤 부모가 좋아요?"라고 질문하면

"본인이 하고 싶어 하는 것을 존중해 주고 통제하지 않는 부모가
좋다."라고 많은 사람이 대답한다.

사람들은 대부분 '자율'을 원한다. 자율에 대한 욕구는 식욕, 수
면욕과 같이 인간이 가진 근원적인 욕구라고 생각된다. 세 살 어린
아이도 부모가 선택해 준 신발과 옷을 거부하고 자신이 원하는 신
발과 옷을 선택하고 싶어 한다. 이런 현상은 자랄수록 점점 더 심

해진다. 청소년이 되면 더욱 자신의 뜻대로 모든 것을 결정하려 하고 부모의 통제를 받으려고 하지 않는다.

대부분 사람들은 자기 의사의 표현권리, 의사 결정권이 주어지지 않으면 삶이 불편하고 존중받지 못한다는 느낌이 들고 의욕이 떨어진다.

사람들은 자율적으로 살고, 자신이 원하는 방식으로 선택할 수 있을 때, 동기가 높아지고, 적극적으로 된다. 반대로 다른 사람의 통제와 감시를 받고, 선택권이 없어지면, 소극적으로 변한다. 자율은 인간의 타고난 본성이며 동기의 근원이다. 자율이라는 내적 동기를 조직에서 잘 활용할 수 있는 방법을 살펴보자.

☑ 가장 가기 싫은 조직은 통제가 심한 조직이다

"가장 가고 싶지 않은 조직은?"을 질문하면 대부분 감옥, 군대 그리고 병원을 말할 것 같다. 세 장소의 공통점은 통제가 많은 조직이다. 병원과 감옥 그리고 군대는 자신의 하루의 스케줄을 자율적으로 선택할 수 없다. 음식, 운동, 외출 활동 등 많은 부분에서 제한과 통제를 받는다.

여러분이 병원에 입원해 있다면 병원에서 주는 음식을 먹어야 하고, 처방받은 약을 매일 먹어야 하고, 술, 담배, 삼겹살 등 먹고 싶은 것을 못 먹게 하고, 하고 싶은 활동도 못 하게 하고, 가고 싶은 장소까지 의사나 간호사가 제한을 가할 것이다.

그래도 병원은 나은 편이다. 군대와 감옥은 자유의 제한이 더 심하다. 필자도 육군 병장으로 제대했는데, 매일 제대할 날만 손꼽았고, 제대할 때 그 자유의 느낌은 정말 좋았다. 물론 지금의 군대가 과거와 비교할 때, 여러 가지 객관적인 조건이 많이 좋아졌다 하더라도, 군에는 모두 가기 싫어하는 것 같다.

선택권과 삶의 자율성이 없는 곳에서 큰 즐거움이 있겠는가? 아무리 좋은 시설의 병원이나 감옥이라도 빨리 벗어나고 싶은 마음은 똑같을 것이다. 따라서 환자와 죄수들에게서 높은 의욕과 적극성을 찾아보기가 힘들다.

심리학 연구에 의하면, 입원 환자들을 두 집단으로 나누어 한 집단에게는 약 먹는 시간을 환자의 의견을 물어 선택하게 했고, 다른 집단은 의사가 지시하는 시간에 무조건 먹게 했다. 환자에게 약을 먹는 시간을 묻고 그들의 의견을 존중해 주고 받아 주었을 때, 환자의 태도가 적극적으로 변하고 질병에서 회복되는 속도도 빨랐다는 연구도 있다. 이처럼 사람들에게 자율성을 주는 것은 의욕을 높이고 건강에도 도움이 된다.

군대도 마찬가지이다. 전반적으로 통제가 심한 조직이지만 어떤 지휘관은 사병들에게 작업과 훈련을 할 때 아주 적은 자율권과 선택권을 부여했음에도 불구하고 동기가 많이 올라가고 적극성을 보였던 경험이 기억난다.

필자의 군대 경험에 의하면 크리스마스 가족 초청 행사 준비를 장병들이 자율적으로 준비하게 했는데, 어떤 보상이 없어도 부대원들이 모두 적극적으로 참여하던 모습이 기억난다. 필자는 그때 연극을 기획했는데 준비과정도 즐거웠고 결과도 만족스러웠다. 그 이유는 부대장이 필자에게 연극의 주제, 배역 그리고 연출을 결정할 수 있는 자율권을 주었기 때문인 것 같다.

☑ 자율이 삶의 즐거움이고 만족감이다

많은 사람이 즐거운 경험으로 손꼽는 것은 아마도 여행일 것 같다. '여행' 하면 연상되는 단어는 자유, 해방 그리고 즐거움이다. 여행을 가면 직장과 일상의 삶에서 해방될 수 있다. 매일 새로운 음식도 경험하고 자신이 원하는 곳으로 이동해 무엇을 보고, 또 얼마나 머물지 스스로 계획하고 선택할 수 있다. 대부분의 사람은 여행에서 즐거움과 자유로움을 느낀다.

똑같은 코스의 여행이라도 자녀들은 부모와 함께하는 여행보다 친구들과의 또는 혼자만의 자유 여행을 좋아하는 것 같다. 부모와 여행을 하면 의사 결정권이 부모에게 있고 여행 중 잔소리를 포함해서, "이것 하지 마라. 저것 하지 마라." 등의 통제를 가하기 때문이다. 어른들도 마찬가지이다. 관광회사 주관 단체 여행보다, 돈이 더 많이 들고 불편해도 개별 자유 여행을 선호한다. 따라서 즐겁다는 말은 '자율과 선택권'이 있다는 말과 상통한다.

만약 여러분이 감옥의 죄수와 같이 선택권이 없고 시키는 일만 해야 하는 통제가 심한 조직문화에서 일을 하고 있다면, 그 직장이 아무리 월급이 많고 사무실 환경이 최고급 시설이더라도 마치 감옥에 있는 것처럼 의욕이 없어지고 수동적으로 될 것이다.

구한말 스웨덴 기자 아손이 우리나라를 여행하면서 쓴 『스웨덴

기자 아손, 100년 전 한국을 걷다』에서, 그는 그 시절 가장 불행한 계층을 양반층 여성이라고 적었다. 서민계층의 여성은 친구도 만나고 경제적 의사결정권도 있고 소소한 돈벌이를 할 수 있는 자유가 있었지만, 양반계층의 여성은 경제적으로 부유했지만 어릴 때부터 철저하게 통제받는 삶을 살아야 했고, 결혼 후에는 친구를 만나러 밖으로 나가거나 친구를 초대하는 데도 남편의 허가를 받아야 하는 심한 통제를 받는 삶을 살았다고 적었다. 자유와 선택권이 없는 부유한 삶은 외국인에게 가장 불행한 삶으로 비춰졌다.

대부분 즐거움을 주는 일은 어느 정도 자율이 보장된 일인 것 같다. 자율을 준다는 것은 즐거움을 주는 것과 같은 의미이다. 아무리 좋은 집에서 살고, 좋은 사무실에 일한다고 해도 자율과 선택권이 없으면 즐거움은 없어진다.

☑ 자율적인 조직이 의욕이 높다

의욕이 넘치는 조직은 대부분 자율적으로 일을 할 수 있는 조직 분위기를 갖고 있고 담당자에게 결정권을 많이 부여하는 조직일 것이다.

대기업의 높은 연봉과 좋은 복지를 마다하고 프리랜서나 자기 사업을 시작하는 사람들은 대기업 다닐 때보다 더 많이 일하고 더 적은 수입이 예상되지만, 간섭받지 않고 자기 방식으로 일하고 싶은 욕구 때문에 1인 기업 사장으로서 자기 사업을 시작하는 경우가 많다.

어떤 종류의 일이든 스스로 할 일을 계획하고, 자신이 정한 스케줄에 따라 일을 할 수 있고, 어느 정도 의사결정권이 있다면 그 일을 좋아할 가능성이 높다. 반대로 자신의 의사결정권이 전혀 없고 오직 상사가 시키는 일만 해야 하고, 근무 시간도 철저하게 관리를 당한다면 일이 재미가 없어지고 의욕이 떨어진다.

일하기 좋은 기업은 직원들에게 자율권을 많이 부여한다. 세계적인 백화점 노스트롬 백화점은 현장 직원의 재량권이 많은 조직으로 유명하다. 직원들에게 환불 및 교환의 재량권을 주어서 상사에게 보고하지 않고 현장에서 스스로 판단해서 고객에게 교환 및 환불을 결정할 수 있다. 그래서 직원들의 의욕이 높다. 우리나라 매장도 현재는 대부분 이렇게 바뀐 것 같다.

창업 조직에서는 대개 사장이 가장 동기가 높고 열심히 일한다. 그 이유 중의 하나는 사장에게 가장 많은 의사 결정권이 있기 때문이다. 직원을 가장 동기가 높은 사람으로 만드는 방법은 직원들을 사장으로 만들면 된다. 직원을 사장으로 만드는 방법은 직원에게 책임감과 자율권 및 의사결정권을 주면 된다.

세계 1위 건축소프트웨어 제작 기업, 마이다스아이티 이형우 사장은 "마이다스아이티는 직원 모두가 사장인 회사이다."라고 말한다. 또한 체지방 성분 분석 분야에서 세계 1위 기업인 인바디의 최기철 대표는 "미래 사장이 될 사람을 뽑아서, 직원들을 모두 사장으로 독립시키는 것이 부하 육성의 목표이다."라고 말했다. 두 회사 모두 자율의 기업 문화를 만들어서 직원들을 동기부여한다는 점에서 공통점이 있다.

업무수준과 능력에 맞게 자율권 부여

지금까지 자율이 내적 동기의 핵심임을 강조하면서 자율의 좋은 점을 많이 얘기했지만, 자율이 무조건 다 좋은 것만은 아니다. 때로는 직원들에게 자율권을 줌으로써 일을 망치게 할 수도 있다.

현실은 모든 직원에게 자율을 줄 수 없다. 왜냐하면 회사에서는 의욕과 열정 그리고 동기만 높다고 해서 일의 성과가 좋은 것은 아니기 때문이다. 회사에서 실제적인 성과와 이익을 내기 위해서 개개인의 의욕과 열정도 중요하지만 상사의 지시에 잘 따르고 주어진 역할을 충실히 수행할 수 있는 전문성과 업무 능력도 개인의 의욕과 열정만큼 중요할 수 있다.

조직에서는 자율권을 모든 사람에게 획일적으로 주는 것보다 그가 가진 업무능력과 성숙도에 맞게 줄 때 전체적인 성과를 더 잘 낼 수 있다. 신입사원이나 업무 초보자와 같이 능력이 부족한 상태에서는 지나친 의욕이 회사와 고객에게 전혀 도움이 되지 않을 수 있다. 업무 능력과 의사결정 능력을 모두 갖춘 사람에게 자율권을 주면, 조직의 생산성을 높일 수 있지만, 미숙하고 문제해결능력이 부족한 사람에게 자율권의 부여는 조직의 무질서와 혼란을 일으킬 수 있다.

리더는 의사결정 능력과 업무 숙달능력이 부족한 직원에게는 자율권을 주기보다 교육과 훈련을 하고 명확한 지시와 지침을 주는 것이 좋다. 자율은 직원의 업무 능력과 수준을 고려하여 다르게 주는 것이 조직 전체적으로 생산성 향상에 도움이 된다. 능력이 뛰어난 직원일수록 더 많은 자율권을 부여하면 동기도 높아지고 성과도 더 잘 내는 것 같다.

조직에서 직원의 자율성을 키우는 방법

현실적으로 직원들에게 자율성을 무한대로 줄 수도 없고 또한 계속 지시와 통제만을 할 수도 없다. 상사가 유능하고 부하들의 업무가 미숙할 경우에는 성과와 효율을 얻기 위해서 지시를 하는 것이 좋은 방법이다. 하지만 장기적으로 직원들이 지시받는 것에 익숙해지면 수동적으로 길들여지고 발전이 없고 의욕이 떨어질 가능성이 있다.

따라서 리더와 부모는 부하와 자녀의 능력 발달 수준에 따라 그에 맞는 자율을 제공하고, 한편으로 그들의 수준에 맞게 자율성을 키우는 교육과 훈련 그리고 조직문화를 만들 필요가 있다.

조직에서 리더를 위한 직원들의 자율성을 키우는 방법들을 몇 가지 제시한다. 직원들의 자율성을 키우고 자율적으로 일하는 조직문화를 만드는 것이 진정한 동기부여의 리더십이라고 생각한다.

☑ 자율성을 키우는 기본은 선택권을 주는 것

조직에서 자율을 키운다는 말은 직원들이 마음대로 일하게 허락

하는 것이 아니라 직원들에게 의사결정 시 의견을 묻거나 선택권을 주는 것이다. 업무를 지시할 때 상사가 결론을 내리고 난 뒤 일방적으로 지시하기보다, 업무 사안에 대해 직원에게 먼저 의견을 묻고 경청만 잘해도 직원들은 자율성이 올라간다.

부하 직원의 의견을 물어보고 받아들일 부분이 있으면 받아들이고 지지해 주면 된다. 상사가 부하에게 먼저 의견을 물어보고 난 뒤, 지시하면 부하 직원은 일방적인 지시를 받았을 때보다 자신의 의견이 반영된 느낌이 들기에 의욕적으로 일을 수행하게 된다.

상사는 대개 부하 직원보다 업무 경험이 많고 전문가인 경우가 많다. 그래서 부하의 실수를 줄이고 성과를 높이기 위해 부하의 일에 개입하고 피드백하는 것이 필요하다. 만약 상사가 부하들에게 자율성만 주고 피드백 역할을 수행하지 않는다면 조직에서 상사라는 존재는 필요가 없을 것이다. 중요한 것은 통제와 간섭의 양이다.

상사가 통제하는 양이 너무 많아지면 조직의 자율적인 문화는 줄어든다. 의욕이 넘치고 자발적이고 자율적인 조직문화를 만들고 싶다면, 부하의 의견을 물어보고 경청하며 작은 부분이라도 선택권을 주는 노력이 조직의 자율성을 증대시키고 내적 동기를 높인다.

☑ 실패에 대해 관대하고 수용과 지지해 주기

자율성을 키우기 위해서 직원들에게 어떤 일을 알아서 하라고 하면 좋아할 것 같지만, 생각보다 싫어하는 사람들도 많다. 선택의 결과에 대한 책임을 지는 것이 두렵기 때문이다.

사례 1

외부에서 리더십 강의를 듣고 부하에게 자율권을 부여해야 하겠다고 생각한 박 부장은, 김 과장을 불러 앞으로 매주 월요일 회의 안건 선정 및 진행은 김 과장이 알아서 결정해서 시행하라고 지시를 했다.

김 과장은 상사의 눈치를 보면서 어떤 안건도 주도적으로 결정하지 않아서 오히려 회의 준비가 제대로 진행되지 않았다. 결국 원상태로 돌아가서 박 부장 자신이 모든 회의 안건을 결정하고 지시를 내리는 과거의 방식으로 돌아갔다.

사례 2

매번 팀장이 회식 장소를 결정하다가 부하 직원들이 팀장이 가고 싶은 곳만 간다는 소리를 우연히 듣고 직원들에게 앞으로 회식 장소는 직원들이 알아서 결정하라고 했다. 그런데 아무도 총대를 메지 않았고 부장 눈치만 보았다.

결국 부장은 직원들에게 "알아서 결정하라고 해도 잘 못하네."하면서 부장이 다시 의사결정을 했다.

업무 추진 결정, 회식장소 결정에 직원들이 주도적으로 나서지 않은 것은, 의사 결정 결과가 잘못되었을 경우 책임을 져야 하는 것에 대한 부담감 때문이다. 부장이 잘못 결정하면 별 탈이 없지만 직원들이 주도해서 일을 추진한 것은 결과가 나쁠 경우 상사나 동료들의 비난이 걱정되는 것이다.

직원들의 동기를 향상시키기 위한 자율성 개발에서 중요한 것은 결과가 조금 잘못되더라도 격려와 지지를 해 주는 것이다. 조직에서 사장과 팀장들은 직원들이 자발적으로 좋은 아이디어를 내지 않고 주도적으로 일하지 않는다고 말하지만, 사실은 그들의 마음속에는 자신의 의견이 비난받거나 거절받는 것, 그리고 실패에 대한 비난을 두려워하는 마음이 있다.

의견을 들어주고 실수가 수용될 때 직원들은 머리가 열리고 입이 열리고 자율성과 자발성이 생긴다. 직원들의 자율성과 자발성을 키우기 위해서는 리더에게 수용성을 높이는 노력과, 실패나 실수에 비난보다는 보완점을 찾는 관대한 마음이 필요하다.

사자가 어린 새끼에게 작은 먹이를 잡을 수 있는 기회를 주듯이, 미숙한 아이에게도 "오늘 어떤 신발을 신을 것인가?" 같은 작은 선택의 기회를 주고 그 선택이 마음에 들지 않아도 받아들여야 한다.

부하 직원의 동기를 높이기 위해서 리더는 부하 직원의 능력 범위 내에서 선택권을 주는 것이 좋고, 선택권을 주는 것보다 더 중요한 것은 결과가 나빴을 때도 격려와 지지를 해 주는 것이다. 그렇지 않으면 선택의 기회를 준 것이 의미가 없어지기 때문이다.

☑ 이유와 의미 그리고 중요성에 대해 설명하기

"김 대리, 최근 1년 동안 실시한 교육과정 현황을 이 양식으로 다시 정리해서 내일까지 보고해요!"

부장이 이렇게 김 대리에게 단도직입적으로 말하면 '명령'이다. 하지만 김 대리에게 이 일을 해야 할 이유를 충분히 납득시키고 난 뒤, 지시하면 부하의 행동은 명령에 의해서 행동하는 것이 아닌 자율적인 행동에 가까울 수 있다.

일을 시킬 때 일방적 단순 지시나 명령의 방식보다 이유를 함께 설명하면 동기유발이 더 잘된다. 왜냐하면 지시를 받아서 일을 하면, 외부적인 힘에 의해서 강제적으로 일을 하는 느낌이 무의식적으로 들지만, 일의 목적과 이유를 알고 하게 되면 자기 나름의 논리와 이유가 생기기 때문에 자발적으로 일하는 느낌이 든다.

이유를 모르고 시키는 대로 한다면 자신은 기계 같다는 생각이 들고, 수동적으로 된다. 스스로 이유를 알고 일한다면 이유가 내면화될 수 있고 나름대로 자신이 일을 하는 목적을 가질 수 있다. 그래서 상사는 지시를 할 때 부하에게 충분히 이유를 설명하고, 이유가 이해되지 않으면 서로 질문과 응답을 통해 납득시키는 과정을 거치는 것이 좋다.

만약 직원이 새로운 과제에 대해 의문점이 생길 수 있는 일에 대해서 이유를 묻지 않는다면, 오히려 상사가 적극적으로 부하에게 질문을 던져, 일을 하는 이유에 대해 충분히 대화를 나누고 일을 시작하도록 하는 것이 부하의 자율성을 높이고 동기를 올릴 수 있다.

물론 상사가 부하들에게 의견을 물으면 상사가 생각하기에 말도 안 되는 의견을 내거나, 과제의 본질을 파악하지도 못한 상황에서 엉뚱한 대답을 할지도 모른다. 이런 상황에서 상사는 대개 부하의 말을 끊고 쓸데없는 질문과 대답으로 시간 낭비를 하고 싶지 않아서, 자신이 시키는 대로 따르라고 말하고 싶을 것이다. 그러나 부하의 말을 잘 경청하고 이유를 충분히 납득시키는 과정을 거치면 부하의 일에 대한 동기는 올라간다.

"명령과 설득의 차이가 뭔가?"라고 질문하면 필자는 '동기유발'의 차이라고 생각한다. 명령보다 설득의 방법이 상대방의 자율성과 동기를 더 높일 수 있다. 다시 말하지만 설득된 행동은 '자율적' '자발적' 행동에 가깝기 때문이다.

일을 지시할 때, 일을 하는 이유에 대한 설명에 추가하여 일의 중요성에 대해서 얘기를 나누는 것도 동기유발에 좋다. 인간은 중요한 일을 하고 싶어 한다. 어떤 상사들은 부하들에게 업무 지시할 때, "이 일은 쉬운 일이다." 또는 "이 일은 간단한 일이다." 이런 말을 습관적으로 자주하는 것을 목격한다. 상사는 업무지시를 할 때 부하 직원에게 가능한 심리적 부담을 주지 않겠다는 좋은 의도를 갖고 이런 말을 자주 하겠지만(습관일 수도 있다), 부하의 동기유발에 도움이 되지 않는 말이다.

동기가 높은 사람은 쉽고 간단한 일보다 조직에서 중요하고 남들이 못하는 일을 해내고 싶어 한다. 또한 상사는 쉬운 일이라고 말하지만, 부하 직원이 직접 할 때는 시간이 많이 걸리고 힘들고 많은 노력을 해야 할 수도 있다. 따라서 상사가 업무를 지시할 때 "이 일은 쉬운 일이다."라고 업무의 중요성을 떨어뜨리는 말을 하면 본인의 의도와 달리 부하 직원의 의욕을 떨어뜨릴 수 있다.

정리하면, 일을 지시할 때 이유 그리고 중요성을 설명하고 난 뒤, 부하의 의견을 묻고 경청하는 기본적 소통의 정석이 부하의 자율성을 높이고 동기를 올린다.

☑ 부정적인 감정을 수용하기

상사가 부하의 의견과 충돌하고, 부하의 의견을 받아들이지 않고 일방적인 지시를 내려야 하는 상황은 조직에서 종종 발생한다.

> "이 보고서는 시간을 더 미룰 수 없어요. 내가 시키는 내용을 담아서 내일까지 반드시 끝내야 해요!"
> "김 과장의 제안을 이번에는 받아들일 수 없어요. 이 건은 부장이 시키는 대로 했으면 좋겠네요."

이렇게 상사가 일방적으로 지시하면 부하들은 마음이 불편하다. 누구든지 자신의 의견이 받아들여지지 않거나 거절당하면 부정적인 감정이 생긴다. 이럴 때 대부분 부하들이 잘 참고 상사의 지시를 잘 따르지만, 어떤 부하들은 잘 참지 못하고 부정적 감정을 얼굴과 말로 표현할 때가 있다.

상사의 입장에서는 직장생활이란 자신의 의견과 다르거나 마음에 안 드는 일도 해야 하는 것이 기본인데, 상사의 지시가 마음에 안 든다고 부정적 감정 반응을 하면 상사도 당연히 기분이 나빠지고 화가 난다.

그러나 그런 상황에서 상사가 부하들에게 화를 내고 강압적으로 더 세게 누르면 부하들은 결국 시키는 대로 할지언정 자율성과 의욕은 떨어진다. 대부분의 부하 직원은 상사의 지시를 전적으로 거부하기 어렵다. 그래서 일은 비록 시키는 대로 할지언정, 자신의 자율성을 회복하기 위해 불편한 감정은 표현하고 싶어 한다.

동기유발이라는 측면에서만 보면, 부하 직원들이 마음이 불편할 때 부정적인 의견과 감정을 표현하지 못한 경우보다, 부정적 감정을 표현할 수 있고 상사가 그것을 수용해 줄 때 부하 직원은 조금 더 자율적으로 되고 동기가 높아진다.

만약 상사가 부하의 불편한 감정의 표현을 받아 주면, 부하는 상사의 지시가 자신과 의견과 반대되지만 심리적으로 100% 강제가 아닌, 어느 정도는 자발적으로 한다는 생각이 들 수 있다.

상사의 입장에서는 부하 직원들의 부정적인 감정을 수용하는 것이 현실적으로 매우 어렵다는 것을 인정한다. 그러나 부하의 감정을 잘 수용하고 다독거릴 수만 있다면 부하의 자율성과 동기는 높일 수 있는 것도 사실이다.

강력계 형사가 자주 등장하는 영화의 스토리를 보면 유능한 주인공 형사는 대개 상사에게 대들고 의견 충돌이 많지만, 문제해결을 잘하고 범인 체포를 잘한다. 필자는 그런 영화를 보면서 유능한 직원, 자율성이 높은 직원, 동기가 높은 직원들은 참 다루기 어렵다는 생각이 들었다.

글이야 쉽게 쓰지만 현장에서 직원들에 대한 '동기부여'가 상사 입장에서는 만만한 일이 아니다. 부하의 부정적인 감정을 수용하고 지시를 내리고 설득시키는 것은 어떤 리더에게도 힘든 일이라고 생각한다. 그래서 요즘 직장에서 많은 직원이 팀장이나 리더 보직을 기피하고 자신의 담당 업무만 하고 싶어 한다는 얘기를 들었다. 부하의 동기부여를 관리하는 리더의 자리는 매우 스트레스가 많고 힘든 위치인 것 같다.

상대의 부정적 감정을 수용하는 것은 많은 정신적 수양과 훈련이 필요할 것 같다. 필자도 실제 실천은 잘 못한다. 리더로서 부하를 동기부여하는 것은 결코 쉬운 일이 아니다.

자율성과 동기부여 자극의 양

상사, 교사, 부모는 부하, 학생, 자녀에게 동기부여 자극을 많이 주고 싶어 한다. 그러나 동기를 부여하는 말의 내용이 아무리 좋아도 강제적인 느낌을 주거나 양이 많아지면 나의 자율성을 침범하는 느낌을 주기 때문에 효과가 떨어진다.

필자가 초등학교 다니던 시절에는 매주 월요일 아침 운동장에 전교생을 모아서 줄을 세워 놓고 교장 선생님이 좋은 말씀을 했지만 아무도 그 내용을 듣지 않았다. 상사, 선생님, 부모님이 하시는 말은 내용이 아무리 좋아도 그 말을 자신에게 강요한다는 느낌이 들면 동기를 불러일으키지 못한다.

칭찬과 좋은 말도 면전에서 목적을 갖고 의도적으로 할 때보다 우연히 전해 들을 때 칭찬의 효과가 크다는 사실을 알 것이다. 이 모든 것이 자율과 관련이 있다. 우리는 칭찬하는 사람의 의도에 따라 움직여지기보다 스스로 자율적으로 행동하는 것을 좋아하기 때문이다.

동기부여 자극을 줄 때, 유의할 사항은 자극의 양도 자율성과 관련해서 중요하다는 것이다. 칭찬이나 충고, 격려도 적당한 양일 때는 도움이 될 수 있지만 양적인 측면에서 너무 많으면, 이 또한 자율성을 침범하게 된다.

포미닛의 「1절만 하시죠」 노래 가사이다.

말 들어라 너나 잘 들어 날 싸가지 없다고 하기 전에
하나하나 따져 봐 조언인지 꼰대질인지
아니면 그냥 잘난 척인지 구별하시지

이 가사도 조언이 자신의 자율성을 침해하는 것에 대해 거북함을 노래했다. 노래 내용은 1절만 하라는 것이다. 좋은 말도 적당한 정도의 양은 동기부여에 좋은 자극이 되나, 자극의 빈도와 양이 지나치면 자율성을 해친다는 느낌이 들고 오히려 동기부여에 역효과가 생길 수 있다.

따라서 동기부여에 도움이 되는 좋은 말, 좋은 충고는 짧게 하는 것이 좋다. 왜냐하면 외부의 자극의 양이 많아지는 것만큼 내적 동기의 근원인 자율성을 침범하게 된다.

"정승도 저 싫으면 안 한다."라는 자율성을 강조하는 말이 있듯이 동기를 불러일으키는 자극은 불을 지피는 불쏘시개 역할, 우물의 마중물 역할을 할 정도가 적당하다. 장기적이고 지속적으로 타

오르는 동기의 불꽃은 외부 자극에 전적으로 의존하기보다 내적 동기의 근원인 자율에 기초하기 때문이다.

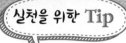
실천을 위한 Tip

실천을 위한 방법

☑ **자율성을 주는 네 가지 방법 중에 가장 어려운 방법은 무엇입니까?**
(1점 쉽다, 5점 가장 어렵다.)
5점 척도로 각 항목의 실천 난이도를 체크해 보세요.

가능한 범위 내에서 선택권 주기	1	2	3	4	5
실패에 대해 관대하고 수용하며 지지해 주기	1	2	3	4	5
일을 지시할 때 이유와 의미 그리고 중요성에 대해 설명해 주기	1	2	3	4	5
부정적인 감정을 수용하기	1	2	3	4	5

☑ **특별히 어려운 이유는 무엇입니까?**

06

당신은 유능하다고 생각하는가

"당신은 스스로 유능하다고 생각하는가?"라는 이 질문에 자신이 유능하다고
답한다면, 자신이 도전적이고 의욕에 차 있고 무엇이든지 할 수 있다고 생각
하기에 동기가 높을 것이고 만약 스스로 무능하다고 생각한다면 의욕도 없고
새로운 것에 도전하고 싶은 마음도 들지 않을 것이다.

자신이 능력 있는 존재이고 유능한 사람이라고 느끼는 '유능감'은 중요한 내
적 동기이다.

유능감을 구성하는 요소는

당신은 유능한가? 만약 스스로 유능하다고 생각하면 세상의 어떤 새로운 일도 해낼 수 있는 능력이 자신에게 있다고 생각하고 새로운 일의 도전을 즐길 것이다. 반대로 자신이 무능하다고 생각하면 새로운 도전을 싫어하고 익숙하고 쉬운 일을 선호할 것이다.

'유능감'은 개인의 성장과 발달 그리고 높은 동기에 매우 중요하다. 예를 들어, 자신을 유능하다고 생각하는 직원은 상사가 새로운 신규사업 프로젝트를 맡으라는 말에 기꺼이 동참할 것이다. 새로운 프로젝트이지만 모르면 배우면 되고, 일을 통해 성장할 수 있고, 결과가 좋을 때 자신에게 좋은 기회가 올 것이라고 생각한다. 반대로 자신이 무능하다고 생각하면, 자신이 그 과제를 맡을 능력이 안 되고, 실패할 것 같은 생각이 들어 그 과제를 회피하려고 할 것이다.

유능감이 높은 사람은 일에서만 적극적이고 도전적인 것이 아니라, 새로운 취미, 새로운 학습, 새로운 경험 분야에서도 도전적이고 새로운 시도를 더 많이 한다. 따라서 유능감은 성장의 핵심 요소이다. 유능감이 높은 사람은 전반적으로 동기가 높고 성취도 많이 이룬다. 여기에서는 내적 동기의 중요한 요소인 유능감의 본질을 알기 위한 그 구성요소에 대해 먼저 살펴본다.

☑ 유능감의 본질은 환경에 대한 지배욕이다

유능감을 증가시키기 위해서 유능감을 구성하는 요소를 아는 것이 도움이 된다. 유능감을 구성하는 핵심 구성요소 중 하나는 환경에 대한 '지배욕'이다. 인간은 새로운 환경에 살아남기 위해 끊임없이 주변 환경을 탐색하고 예측하고 지배하고 통제하고 싶어 한다. 자신이 살고 있는 환경을 통제하지 못하면 불안감을 느끼게 된다.

예를 들어, 당신이 우주 탐험을 하다 어떤 곳에 불시착을 했는데 낯선 장소, 한 번도 보지 못한 생물들 사이에 있다면 매우 불안할 것이다. 낯선 상황에서는 환경을 예측하고 상황을 통제하기가 어렵기 때문이다.

외부 환경을 통제할 수 없는 상황에 처하면 인간은 생존의 위험을 느끼기 때문에, 환경을 지배하고 통제하고자 하는 욕망을 본능적으로 갖고 있다. 환경에 대한 지배욕은 생존의 본능으로, 태어날 때부터 갖고 있으며 성장하면서 계속 발달한다.

아주 어린 아이도 환경을 지배하려고 한다. 뭔가 자신의 뜻대로 되지 않으면 얼굴표정과 울음 그리고 행동으로 엄마를 자신의 의도대로 움직이려고 한다. 또한 힘이 전혀 없을 것 같은 유치원 아이도 유치원 선생님을 자신이 원하는 방향으로 움직여서 목적을 달성하려고 한다.

사람은 모두 주변 사람을 자신의 뜻대로 통제하려고 한다. 아이는 엄마를, 엄마는 아이를, 선생은 학생을, 학생은 선생을, 상사는 부하를, 역으로 부하는 상사를 모두 자신의 뜻대로 움직이려고 한다.

자신의 주변 환경을 지배하고 통제하는 힘을 가짐으로써, 인간은 자신에 대해 유능감을 느낄 수 있다. 만약 자신이 환경을 전혀 통제하지 못하면 반대로 무력감을 느낄 것이다.

예를 들어, 부하가 상사의 지시를 전혀 따르지 않으면 상사는 무력감을 느끼게 되고, 자녀가 부모의 말을 전혀 듣지 않을 때 부모는 자녀에게 무력감을 느끼고, 학생들에게 조용히 하라고 해도 학생들이 계속 떠들면 교사는 무력감을 느낀다.

역으로 상사나 부모가 너무 똑똑하고 유능해서 모든 것을 그들의 뜻대로 하면, 부하 직원이나 자녀들은 '내가 여기에서 스스로 할 수 있는 것이 별로 없네.'라고 생각하면서 무력감을 느끼게 된다.

나의 지배욕과 통제욕은 한편으로 내게 유능감을 느끼게 해 주나 반대로 상대방을 무능하게 느끼게 할 수 있다. 그래서 통제가 강한 사람은 스스로 유능감을 느끼나 타인을 무능하게 만드는 경향이 있다.

우리는 100%는 아니더라도 어느 정도 환경을 통제할 수 있다고 느껴야 유능감을 느낄 수 있다. 그래서 나름대로 환경을 지배하고 통제하기 위해 많은 노력을 한다. 유능감이란 '환경에 대한 지배욕'의 또 다른 이름이다.

☑ 예측능력이 유능감이다

두뇌의 사령관이자 CEO의 역할을 담당하는 뇌의 부위인 '전두엽'은 앞으로 일어날 일을 예측하는 기능을 갖고 있다. 인간을 포함해 모든 동물은 앞으로 일어날 일을 예측하려고 한다. 예측능력은 다가올 위험을 피하고 준비를 할 수 있게 해 주기 때문에 생존에 유리하다.

예측능력은 환경에 대한 지배욕과 함께 생존에 필수 능력이자 유능감의 핵심 구성요소이다. 그래서 사람들은 자신의 유능함을 자랑하기 위해 자신의 예측력을 자랑하기도 한다.

"난 저 사람이 무엇 때문에 여기 온 줄 알아. 그리고 다음에 어떻게 행동할지도 알아."

"난 어느 주식이 이번에 오를지 알아."

"이 분야에서 성공할 수 있는 사람인지를 나는 5분만 보면 알 수 있지."

예측을 잘한다는 것은 유능한 것이고 예측을 잘 못한다는 것은 무능감을 증가시킨다. 강사들은 낯선 곳에 강의를 가면, 항상 상황을 최대한 예측하려고 노력한다. 강의장을 미리 둘러보고 교육생의 특성을 자료를 통해 살펴보고 담당자의 특성을 알려고 한다. 환경과 상황을 잘 파악함으로 강의 중 일어날 일을 미리 예측해서 강의를 더 잘하고 싶기 때문이다.

새로운 분야의 도전은 고통스럽다. 안 해 본 일을 하는 것, 새로운 사람과 호흡을 맞추어 일하는 것은 스트레스이다. 그래서 많은 사람은 새로운 도전을 싫어한다. 심리학자가 피험자를 두 집단으로 나누고 한 집단에는 예고 없이 손에 강한 전기자극의 고통을 주고, 다른 집단은 전기자극을 주기 전에 전기자극이 고통을 줄 것이라고 사전 예고를 해 주었다.

이 실험에서 똑같은 강도의 전기자극을 받더라도 고통을 예측할 수 있었던 집단이, 비교 집단보다 자신이 받은 전기 충격의 고통의 양을 낮게 평가하고 덜 고통스럽다고 답했다. 예측을 할 수 있으면 인간은 고통을 더 잘 견뎌 낼 수 있다.

고객 불만을 다룰 때도 이미 불만 고객을 만나 본 경험이 있거나 어떻게 처리할지 프로세스를 사전에 알고 있는 직원들은 고객들의 항의에 덜 당황한다. 그러나 이런 경험이 전혀 없는 직원들은 고객이 바로 자신 앞에서 항의를 하거나 소리치면 매우 당황한다. 사전 경험 또는 교육을 통해 상대의 행동을 예측할 수 있으면 스스로에게 유능감을 느낄 수 있다.

부하 직원이나 고객이 앞으로 일어날 일을 예측을 할 수 있도록 도와주는 것은, 상대의 유능감을 증가시킨다. 예를 들어, 병원에서 의사나 간호사가 환자들을 치료할 때, 앞으로 일어날 진료 절차에 대해 충분히 설명해 주면 환자들은 유능감을 느낀다. 역으로 병원에서 환자에게 치료 절차와 앞으로 진행될 일을 사전에 설명해 주지 않거나, 환자가 질문을 해도 자세한 대답을 해주지 않는다면 환자들은 무능감을 느끼면서 기분이 좋지 않게 된다.

이것은 병원에서뿐만 아니라 직장에서도 마찬가지이다. 상사가 부하에게 업무에 대해 사전에 충분히 설명해 주지 않거나 역으로 부하가 상사에게 일의 진행사항을 잘 보고하지 않으면 상대방은 예측할 수 없기에 무능감을 느끼게 된다.

환자이든 부하이든 상사이든 모두 자신이 무능감을 느낄 때, 대부분 상대에게 화를 내는 경우가 많다. 심리적으로 분노는 자신의 힘을 인식시켜 주는 기능을 갖고 있으므로, 화를 내면서 자신의 유능감을 일시적으로 회복할 수 있기 때문이다.

정리하면 상대에게 준비할 시간을 주고 예측 가능하도록 하면 고통과 스트레스가 줄고 유능감이 증대된다. 역으로 상대방에게 정보를 차단하고 예측을 전혀 못 하게 하면 상대는 무능감을 느끼게 된다.

☑ 성취 경험의 기억이 유능감이다

영화 〈에린브로코비치〉에서 에린은 남자친구에게 말한다.

"내가 미스 위치타였다고요. 믿겨져요? 당신이 살아 있는 미인대회 우승자 옆집에 살고 있는지 알았어요? 난 아직도 왕관을 갖고 있어요. 나는 그게 내 인생에서 뭔가 중요한 일을 할 거라는, 뭔가 중요한 사람이 될 것이라는 의미인 줄 알았어요."

영화에서 에린은 말로 표현하기 어려울 정도로 힘든 상황 속에서 자신이 미인대회에서 받았던 왕관을 떠올리고 힘을 얻는다. 에린이 받은 미인대회 왕관처럼 과거 달성한 여러 가지 성취 경험은 삶의 위기와 어려운 상황에서도 유능감을 준다.

인생을 살면서 많은 성취를 한다. 하지만 대부분 자신이 달성한 성취 경험을 잘 기억하기보다 전부 다 잊어버리고 사는 것 같다. 초, 중, 고등학교 시절 받은 각종 상, 대학교 입학, 달리기 대회 1등, 다이어트 성공 경험, 수십 대 일의 경쟁을 통과해서 직장에 입사한 경험을 포함해 생각해 보면 누구나 자기 나름대로 성취 경험을 많이 갖고 있다. 그러나 대부분 세월이 지나면 어렵게 달성한 성공의 경험을 다 잊어버리거나 자신을 낮게 평가한다.

자신이 과거에 달성한 성취 경험을 잘 기억하는 사람은 유능감이 높고, 반면 자신의 성취를 기억하지 못하는 사람은 유능감이 떨어진다. 물론 많은 사람이 어느 정도 '성공 망각증'이 있다. 성공 망각증에서 벗어나 유능감을 계속 느끼기 위해서는 성취 경험을 글로 적어 놓고 회상하거나, 또는 에린의 '미녀대회 왕관'처럼 성공의 상징물을 잘 보이는 데 걸어 놓고, 성취 경험의 순간을 자주 떠올리면 도움이 될 수 있다.

과거 성취 경험의 기록은 앞으로 비슷할 성취를 할 수 있다는 가능성의 리스트가 될 수 있다. 과거 성취 경험이 아무리 사소한 것이라도 기록하고 자주 리마인드하고, 마라톤대회 완주, 책 한 권 완독 등과 같은 작은 목표일지라도 성취 경험을 하나씩 쌓아 가면 유능감이 증대된다.

지금까지 유능감을 구성하는 세 가지 구성요소, 첫째, 환경의 지배력을 높이는 것, 둘째, 예측력을 갖는 것 그리고 마지막으로, 성취 경험을 쌓고 기록하는 것에 대해 살펴보았다. 이 세 가지 요소에 집중하면 유능감 개발과 향상에 도움이 될 것이다.

유능감 발달에 관한 심리학 이론

유능감 발달에 관한 심리학 이론을 살펴보면 자신과 타인의 유능감 개발에 대한 통찰을 얻을 수 있을 것이다. 유능감 발달 이론 분야의 최고의 권위자인 캐롤 드웩 박사의 이론을 통해 유능감이 타고난 것인지, 개발될 수 있는 것인지 두 가지 입장을 살펴본다.

☑ 실체이론 VS 증가이론

유능감 발달에 대해 두 가지 근원적인 접근이 있다. 심리학자 캐롤 드웩 박사는 유능감 발달에 대해 많은 시사점을 제시하는 연구를 했다. 그녀는 사람들이 유능감을 느끼는 근거가 무엇인지에 주목을 했다. 스스로에게 질문을 해 보자.

"내가 유능하다면 뭐 때문에 유능한가?"

첫 번째 나올 수 있는 대답은 머리가 좋아서, 부모로부터 좋은 유전자를 물려받았기 때문과 같은, 타고난 특별한 능력을 유능감의 근거로 제시할 수 있다. 캐롤 드웩 박사는 이 이론을 '유능감의 실체이론'이라 이름 붙였다. 실체이론으로 자신의 유능감의 근거를 설명하는 사람은 자신이 무언가를 잘할 때, 그 이유를 타고난 지능, 창의력, 직관력과 같은 남과 다른 타고난 능력에서 찾는다. 이런 사람은 결과가 잘못되었을 때도 실패의 이유를 타고난 유전자 특성과 연관 짓는다.

"난 역시 수학에 재능이 없어."
"난 스포츠에는 전혀 소질이 없어."
"난 노래 유전자가 없나 봐."

그리고 자신뿐만 아니라 다른 사람이 뭔가 잘했을 때도 그 이유를 타고난 재능에서 찾는다.

"그는 역시 좋은 부모를 만나서 뛰어나."
"그는 뛰어난 스포츠 재능 유전자를 가졌어."

이와 반대로 유능감의 이유가 타고난 재능이 아니라, 노력의 양에 달려 있다고 생각하는 사람은, 노력의 양만큼 능력이 증가하는 것을 믿는다고 해서 '증가이론'을 갖고 있다고 말한다. 예를 들어, 증가이론을 가진 강사는 강의를 못하는 점을 타고난 강의 재능이나 강의 유전자가 없기 때문이 아니라 강의 경험 부족과 연습 부족으로 본다. 따라서 앞으로 강의 경험이 쌓이고 연습을 많이 하면 강의를 잘할 수 있다고 믿는다. 또한 강의를 잘하는 것에 대해서는 타고난 재능 때문이 아니라, 강의 준비와 연습에 많은 시간을 투자했기 때문이라고 생각한다.

유능감의 근거로 타고난 재능을 강조하는 '실체이론'을 가진 사람은 일을 할 때, 자신의 재능이 얼마나 뛰어난지를 타인에게 증명하고, 남들에게 좋은 평가를 받는 것을 중요하게 생각한다. 그래서 일의 결과가 좋으면, 자신의 재능에 자부심을 갖게 되고, 결과가 좋지 않으면 반대로 자신이 재능이 부족하다고 생각하게 된다.

이와 반대로 유능감의 뿌리가 자신이 '타고난 재능'이 아닌 '노력'에 근거한다고 생각하는 사람은, 결과가 좋으면 노력을 많이 했기 때문이라고 생각하고, 결과가 좋지 않으면 스스로 노력이 부족하다고 생각한다.

증가이론을 가진 사람은 '노력이 실력이고, 노력이 바로 능력'이라고 생각하기 때문에 실체이론을 가진 사람보다 더 많은 노력을 한다. 유능감에 대해 암묵적으로 증가이론을 갖고 있는가, 아니면 실체이론을 갖고 있는가에 따라 노력의 양이 달라진다.

☑ 평가목표 VS 성장목표

실체이론을 가진 사람은 타고난 재능을 인정받는 것이 중요하기 때문에, 과제를 선택할 때 자신이 과거에 잘했던 일, 또는 좋은 결과를 얻을 수 있는 과제를 선택한다. 과거에 해 보지 않았던 일, 어렵고 힘든 과제는 좋은 결과를 만들기 어렵고, 결과를 얻을 수 없으면 자신의 재능을 증명할 수 있는 방법이 없기 때문이다. 따라서 실체이론자들이 가장 관심 있는 것은 일의 과정보다 결과이다.

반면에 유능감의 뿌리가 노력이라고 생각하는 '증가이론'을 가진 사람들은 일의 결과도 중요하지만 새로운 도전을 통해 '자신의 능력을 향상시키는 것'에 관심이 많다. 처음 계획한 결과를 얻지 못해도, 목표를 추구하는 가운데 능력이 개발되고 성장할 수 있으면 만족한다. 그들은 많은 시도와 노력이 결국은 자신의 능력을 개발시킨다고 믿는다.

예를 들어, 실체이론을 가진 가정주부는 요리를 할 때, 자신이 가장 잘할 수 있는 요리, 과거에 주변 사람들에게 좋은 반응을 얻었던 요리를 위주로 한다. 그들은 사람들의 칭찬과 반응을 통해서 자신의 요리 능력을 확인할 수 있기 때문이다.

반면, '증가이론'을 가진 사람은 과거에 칭찬받았던 요리도 물론 만들지만, 때로는 자신의 요리 실력을 개발하기 위해, 한 번도 해보지 않았던 새로운 요리도 시도한다. 비록 새로 만든 요리가 가족들이나 친구들에게 긍정적인 반응을 얻지 못해도 새로운 시도로 요리 실력이 증가한 것에 의미를 둔다.

증가이론을 가진 사람은 실체이론을 가진 사람보다 좀 더 도전적인 목표를 잡고 실패 후에도 좌절감을 덜 느낀다. '이번에 새로운 시도를 통해 많이 배우고 새로운 기술이 발전했네.'라고 생각하고 다음에 또 도전한다.

정리하면, 실체이론을 가진 사람은 '평가목표'에 주로 관심을 가지는 반면, 증가이론을 가진 사람은 '성장목표' '학습목표'에 더 관심을 가진다. 물론 실제 삶에서는 이 두 가지가 완벽하게 구분되지 않고 적당히 섞여 있다. 이 이론들은 사람들이 어느 것에 조금 더 관심을 갖고 치중하는가의 차이를 보여 준 것이다.

결론적으로 동기개발 이론 활용 방법을 말씀드리면 일을 할 때 좋은 평가를 받겠다는 '평가목표'와 어떤 성장과 발전을 이루겠다는 '성장목표'를 함께 설정하는 것이 동기를 높이는 것에 좋다. 예를 들어, 자동차를 판매한다면 한 달에 차를 세 대 팔아서 지점의 우수 직원이 되겠다는 평가목표도 설정하고, 다른 한편으로 자신의 부족한 도전 정신과 상담능력을 키우기 위해 매일 열 명의 신규 고객을 만나고 대화할 때마다 자신의 '고객 상담능력'을 개발하겠다는 성장목표를 세우는 것이다.

이렇게 두 가지 목표를 설정하면 다행히 자동차를 계획한 대로 판매해 실적을 달성하면 칭찬도 받을 수 있고, 설상 고객을 만나 자동차를 판매하지 못하더라도 자신의 상담능력 개발이라는 목표를 달성했기 때문에 스스로에게 만족할 수 있고 동기부여가 된다.

평가목표와 성장목표를 동시에 가지면, 판매 수량이라는 목표를 달성하지 못해도, 오로지 결과만으로 자신을 평가해 의기소침해지지 않고, 성장목표 달성을 통해 스스로에 대해 유능감을 느끼기 때문에 다시 시도하고 도전하고 노력할 수 있게 된다. 당연히 이런 노력은 결실을 가져온다.

☑ 칭찬 방법에 따라 유능감 발달은 달라진다

자녀가 공부, 음악, 운동을 잘했을 때 어떻게 칭찬하는가? 교사나 부모의 칭찬 방법이 유능감 발달에 영향을 미친다는 연구가 있다. 심리학자 캐롤 드웩의 연구에 의하면, 부모는 자녀가 좋은 성과를 이루었을 때, "우리 아이가 머리가 좋아서 성적이 좋다."라고 칭찬을 하면 자녀가 '실체이론'을 내면화하기 쉽다고 말한다.

예를 들어, 아이가 수학 성적이 좋을 때, "너는 머리가 참 좋아서 수학을 잘하는구나."라고 칭찬하면 아이는 좋은 성적을 얻는 데 머리가 좋은 것이 가장 중요한 요소라는 것을 인식하고, 무의식적으로 주변 사람들에게 자신의 머리가 좋다는 것을 인식시키려고 노력한다.

자신의 머리가 좋다는 것을 주변 사람들에게 인식시키는 방법은, 공부를 열심히 하지 않고도 성적이 좋다는 것을 보여 주는 것이다. 이런 아이들은 주변 사람들에게 항상 공부를 하는 모습을 감추게 된다.

학교 다닐 때 성적은 좋은데, 학교에서는 소설책을 보고 딴짓을 하는 친구들이 있다. 그런 모습을 본 친구들은, "수철이는 매일 노는데 왜 그렇게 성적이 좋지?" "걔는 역시 머리가 좋은 거야. 수철이는 머리가 좋아서 좋겠다. 공부도 안 하는데, 성적은 항상 좋고." 이렇게 말한다.

그런데 성적은 보통인데 매일 학교에서 열심히 공부하는 아이들에게 친구들은 이렇게 말한다.

"너는 매일 그렇게 공부를 열심히 하는데 성적이 그게 뭐니?" 머리가 좋다는 말을 듣고 싶은 아이들은 친구들에게 이런 말을 듣는 것이 가장 두렵다.

능력에 대해 실체이론을 갖고 있고 성적이 좋지 않은 아이들은, 공부를 열심히 하고도 나쁜 성적을 얻을 위험을 감수하기보다, 확실하게 공부를 안 하고 성적이 나쁜 쪽을 선택한다. 그렇게 하면

핑곗거리가 생길 수 있다.

"내가 공부를 안 해서 그렇지. 공부를 열심히 하기만 하면 너보다 성적이 두 배는 좋을 걸." 그리고 부모도 아이들의 말에 동조한다. "우리 아이는 머리는 좋은데 공부를 안 해요."

부모로부터 이런 말을 들은 아이는 더욱 공부를 안 하게 된다. 만약 공부를 열심히 해서 성적이 좋지 않으면, 스스로 머리가 나쁘다는 것을 인정해야 하기 때문이다. 머리가 좋은 것을 중요하게 생각하는 부모님을 실망시키기보다, 성적은 나쁘나 머리가 좋은 사람으로 보이는 쪽을 무의식적으로 선택하게 된다.

부모의 칭찬 방법에 따라 아이들은 실체이론과 증가이론을 다르게 개발하고 내면화할 수 있다. 부모의 칭찬이란 아이에게 '결과를 내는 데 무엇이 중요하다는 것'을 강조하는 의미가 있다. 이것은 가정에서뿐만 아니라 조직에서도 마찬가지이다. 상사가 부하의 어떤 부분을 칭찬하는가에 따라 상사가 좋은 결과를 만드는 데 노력과

타고난 능력 중 무엇을 중요하게 생각하는지를 부하들에게 말해 주는 것이다.

　노력을 칭찬하면 직원들은 능력개발을 위해 더 많이 학습하고 실패해도 더 많이 노력할 것이고, 재능을 칭찬하면 직원들은 잘하는 것, 결과를 통해 좋은 평가를 받을 수 있는 일만 무의식적으로 하려고 할 것이다.

실천을 위한 Tip

유능감 구성요소를 통한 동기향상 방법

☑ 자신의 유능감 점수를 상, 중, 하로 평가해 보고 노력해야 할 사항에 대해서 생각해 보세요.

유능감 구성요소에 대한 평가	상, 중, 하
주변 환경에 대한 통제력(지배력)	
노력해야 할 사항:	
사전 예측 능력	
노력해야 할 사항:	
성취 경험 쌓기와 기록하기	
노력해야 할 사항:	

07

동기를 높이는 인간관계

회사에 입사할 때는 급여나 복지와 같은 객관적인 조건을 보고 입사하지만, 퇴사할 때는 대부분 상사와 인간관계 때문에 그만둔다. 상사와 같이 일하는 동료가 마음에 들면 일이 힘들어도 재미를 발견하고 버티지만 사람이 싫으면 처음에 좋아했던 일도 싫어진다.

인간은 사회적 동물이기 때문에 인간관계가 조직생활의 의욕과 열정을 만드는 데 큰 영향을 미친다.

신뢰는 내가 상대에게 준 이익의 양

☑ 신뢰는 내가 상대에게 준 이익

"나는 너를 믿는다."

축구선수 박지성은 한 TV 인터뷰 장면에서 히딩크가 자신에게 한 말 중 가장 큰 동기부여가 된 말은 "난 널 믿는다."라는 말이었다고 말했다. 상사가 부하에게 해 주는 가장 큰 동기부여의 말은 "나는 너를 믿는다."라는 말일 것이다. "누가 나를 믿어 주면 엄청난 동기부여가 된다. 상사가 부하 직원들을 믿어 줄 때 의욕이 증가한다. 역으로 부하 직원이 상사를 믿어 줄 때 상사의 동기가 높아진다. 신뢰는 동기의 중요한 요소이다.

신뢰란 본질적으로 무엇일까?

신뢰의 본질을 알기 위해 강의 중 사람들에게 "지금까지 살면서 누구를 가장 신뢰합니까?"라고 질문하면 대부분 '엄마'라고 대답한다. 그 이유를 생각해 보면 신뢰의 본질적 의미를 알 수 있다. 엄마는 내게 가장 많은 이익을 의심하지 않고 제공하는 사람이기 때문이다. 따라서 신뢰의 본질은 '내가 상대에게 받은 이익의 총합'이다. 내가 상대로부터 손해를 받았다면 그를 신뢰하지 않는다.

우리는 대개 엄마를 신뢰하는 것처럼 가족을 가장 많이 신뢰한다. 가족은 이익을 서로 나누는 공동체이기 때문이다. 원시시대부터 협업을 한 파트너들은 가족들이었다. 가족들과 같이 일했고 획득한 음식을 가족들과 공동으로 나누어 먹었다. 현재도 작은 중소기업들은 가족들이 같이 일하고, 식당 경영과 같은 작은 경제 단위 주체도 가족 단위로 일한다. 신뢰 관계의 본질이란 가족 공동체처럼 같이 노력해서 이익을 같이 나누는 것에 뿌리를 두는 인간관계라고 볼 수 있다.

가족을 넘어서 다른 사람과 신뢰를 쌓기 위해서는 세 가지 조건이 갖추어져야 가족과 같이 이익을 나눌 수 있는 신뢰를 만들 수 있다.

첫째, 상대방에게 먼저 뭔가 좋은 것을 나누어야 한다. 그것이 봉사이든, 물질이든, 정보이든 상대에게 먼저 이득을 주고 나누어야 한다. 본질적으로 관계에서 상대방에게 이익을 주지 않으면 신뢰가 생기기 어렵다.

둘째, 이익의 공유는 일회적으로 끝나지 않고 가족처럼 지속적이고 일관성이 있어야 한다. 처음에는 이익을 주고받다가 조금이라도 본인이 손해가 생기는 경우 바로 등을 돌리면 신뢰가 생기지 않는다. 장기적으로 이익을 주고받을 수 있는 '성실함'과 '일관성'이 신뢰의 기본 바탕이 된다.

셋째, 능력을 갖추어야 한다. 예를 들어, 사냥을 할 때, 자신이 맡은 역할과 임무를 잘 수행할 수 없다면 동료들을 사냥터에 데려가지 않을 것이다. 자신이 맡은 역할과 일을 잘 수행할 수 있는 '능력'이 없다면 상대로부터 신뢰를 얻을 수 없다.

따라서 가족이 아닌 상대가 나를 신뢰한다는 말의 의미는, 그가 내게 장기적으로 일관성 있게 상호 이익을 나누겠다는 말이고, 또한 내가 상대방과 함께 일할 수 있는 능력이 있다는 것을 인정하는 멋진 말이다. 신뢰한다는 말은 생존의 인간관계 속에서 나를 수용해 주고 인정해 주는 멋진 말이다.

☑ 협력의 뿌리는 신뢰

공동의 목적달성을 위한 협력의 뿌리가 되는 것이 신뢰이다. 작은 일에는 작은 신뢰가 필요하지만 위험이 클수록, 더 많은 희생이 요구될수록 더 큰 신뢰가 필요하다. 만약 신뢰가 바탕이 되지 않는다면 팀워크와 협력을 이룰 수 없다.

예를 들어, 위험을 무릅쓰고 함께 사냥해서 큰 멧돼지를 잡았는데 포획물을 혼자 차지하기 위해서 배신한다면 자신의 모든 노력이 일순간에 없어진다. 극단의 경우 배신자의 이기심 때문에 성과를 배분하는 장소에서 생명을 잃을 수도 있다.

그래서 공동 작업에 참여할 때 일의 목표를 달성할 수 있는지도 검토하지만 그것보다 더 중요한 것은 상대가 믿을 수 있는 사람인지 검증하는 것이다. 미국 갱 영화에서 은행을 털고 난 뒤 혼자서 이익을 독차지하기 위해 동료를 배신하거나 죽이는 스토리가 많은 것은 이익 앞에 쉽게 신뢰가 깨지는 경우가 많음을 보여 준다.

인간의 기본 욕구 중에는 다른 사람을 믿고 함께 일해서 더 많은 것을 얻고 싶은 욕망이 있는가 하면, 한편으로 자신의 가진 것을 안전하게 지키기 위해 낯선 사람을 의심하고 새로운 인간관계를 만들지 않으려는 마음도 존재한다. 의심과 신뢰 중에 신뢰를 선택하는 것은 자기 것을 안전하게 지키려는 마음보다 함께 성장하고 더 큰 것을 이루겠다는 적극적인 마음이다.

조직에서 회사와 상사에 대한 의심이 증가하면 직원들은 업무에 대한 몰입보다 자기 안전을 더 많이 추구하고 방어적으로 행동하기 때문에 자신의 능력을 조직에 헌신하지 않는다. 조직에서 팀워크와 협력의 문화를 만들고 싶다면 리더는 우선적으로 조직 구성원들 간의 신뢰를 구축해야 한다.

☑ 신뢰는 보답을 받는다

왕가위 감독의 무협 액션 영화 〈일대 종사〉에서 이소룡의 스승으로 유명한 엽문(양조위)이 궁이(장쯔이)에게 하는 명대사가 기억난다.

"신뢰는 보답을 받고 등불이 있는 곳에 사람이 모인다."

신뢰는 보답을 받는다. 많은 사람이 나를 믿으면 그 믿음에 보답을 해 주려는 경향이 있다. 상사, 동료, 직원, 친구가 날 믿고 지원을 해 주고 도움을 주면, 사람들은 그 믿음을 깨고 싶지 않고, 자신을 믿는 사람에게 보상을 돌려주려는 경향이 있는 것 같다.

사람은 일반적으로 주변 사람을 신뢰도 하지만 의심도 한다. 의심과 경계는 생존과 안전을 위한 기본 시스템이다. 이 경계 시스템을 어느 정도까지 가져야 할지가 모두의 고민일 것이라 생각한다. 과도한 경계와 의심은 자신을 지켜 주는 데 도움이 되지만 한편으로 성장을 방해하고 때로는 자신에게 손해를 끼치는 경우도 있기 때문이다.

가까운 사람은 자신에게 가장 큰 이익을 줄 수도 있지만, 한편으로 자신에게 가장 큰 손해도 줄 수 있는 사람이기도 하다. 믿는 도끼에 발등 찍힌다는 말이 있듯이 주변에서 가장 가까운 사람에게 사기를 당하고 배신을 당했다는 이야기도 많다.

가까운 사람은 내게 피해와 이익을 가장 많이 줄 수 있는 양면적인 사람이다. 가까운 사람들과 어떤 관계를 맺을 것인가? 필자는 가까운 사람으로부터 가장 많은 이익을 얻는 방법은 그래도 의심보다 신뢰라고 생각한다. 앞에서 얘기했듯이 신뢰는 보답을 받는다는 말을 믿고 싶다.

예로부터 지금까지 상인들이 비즈니스 관계에서 가장 중요하게 생각하는 것은 신뢰이다. 신뢰가 깨지면 비즈니스 관계가 깨진다고 생각했다. 비즈니스의 목적이 상호 이익 추구인데, 신뢰할 수 없다면 장기적인 이익은 생기기 어렵다. 그리고 가장 큰 이익은 지금 당장의 이익보다 장기적인 신뢰의 관계에서 생긴다고 본다. 한 사람의 힘은 제한적이다. 자기 혼자의 힘으로 살 수 없다. 신뢰의 인간관계가 많을수록 더 넓고, 더 큰 삶을 살 수 있다고 본다.

조직에서 신뢰를 만드는 방법

☑ 신뢰의 핵심은 성과의 공정한 배분

신뢰는 공정한 배분에서 시작된다. '성과의 공정한 배분'이 신뢰의 바탕이다. 공정성을 획득하는 방법은 사전에 합의해서 배분의 룰을 만들고 그 룰을 지키고자 노력하는 것이다. 분배의 룰을 지키지 않으면 신뢰는 깨진다.

마음에 맞는 사람과 동업으로 회사를 창업할 때는 서로 힘과 기술력, 자본이 부족해서 서로 부족한 것을 채우기 위해 의기투합한다. 그러나 동업이 깨지는 것은 대개 어렵고 힘들고 손해가 나는 사업의 초기 단계보다 사업이 어느 정도 안정을 이룬 후이다. 사업이 어느 정도 안정이 되고 성과가 나면 분배의 문제가 생기기 때문이다.

두 사람의 동업 파트너는 서로 기여한 것에 따라 이익을 공정하게 배분해야 한다. 그러나 어느 한쪽이 이기심으로 분배의 룰을 바꾸어 더 많이 가지려고 하게 되면 상대방은 배신감을 느끼게 된다.

각자 자신이 기여한 만큼 공정하게 배분하면 신뢰가 생기나 어느 한쪽은 많이 일하고 어느 한쪽은 일을 하지 않거나, 어느 한쪽이 기여한 것보다 더 많이 갖는 경우 동업이 깨진다.

동업이 깨지는 또 하나의 이유는 투명성이 부족하기 때문이다. 한 사람이 사적으로 경비를 사용하고 자신이 취한 경제적인 이익을 상대에게 명확하게 밝히지 않는 것이다. 많은 경우 회계의 불투명성과 내가 획득한 이익을 감추는 것이 불신을 만들고 동업을 깨지게 만든다.

동업뿐만 아니라 직장생활에서도 배신감을 느끼는 것은 상사가 공정하지 않거나, 분배의 룰을 잘 지키지 않거나, 투명하지 않기 때문이다.

신뢰의 조직문화를 만들고자 한다면 리더는 공정해야 하고 사전 합의해서 만든 분배의 룰을 잘 지키도록 노력해야 한다. 백만 원이 생기면 사장이나 리더에게는 그것을 자신이 가질 수 있는 권한이 주어지는 것이 아니라 잘 나눌 수 있는 권한이 주어질 뿐이다. 공정하게 잘 나눌 때 직원들은 리더를 신뢰하게 되고 동기도 올라간다.

☑ 미래에 대한 꿈을 달성하도록 도와주기

직원들은 왜 조직을 떠나나?

일과 인간관계가 힘들어서 떠나기도 하지만, 미래가 보이지 않을 때도 떠날 결심을 한다.

신뢰는 현재 이익을 보장해 줄 뿐만 아니라 '미래의 이익'도 보장해 주어야 형성된다. 벤처기업에서 일하는 직원들은 지속되는 야근과 개인 생활도 없는 힘든 일, 그리고 낮은 급여가 현실이다. 그럼에도 불구하고 자신이 계속 성장할 수 있고, 미래에 자신의 고생한 것을 보상받을 수 있을 것이라는 믿음이 있기 때문에 열심히 일한다.

신뢰란 현재를 통해 미래에 대한 믿음을 만드는 것이다. 조직에서 신뢰의 문화를 만들기 위해서 리더는 직원들의 미래와 비전에 대해 관심을 갖고 그들의 비전이 달성할 수 있도록 도움을 주어야 한다.

미래에 대한 불안감도 적절하면 동기요소로 작용하지만, 불안이 심해지면 자기 방어적으로 되고 다른 대안을 찾게 만든다. 직원들이 자신의 조직에서 비전을 볼 수 없으면, 조직에 대한 신뢰가 낮아지고 조직의 구성원들은 자신의 미래를 위해 딴 곳을 알아보게 된다.

리더가 직원들의 신뢰를 얻기 위해서는 직원들의 현재 이익에 관심을 두어야 한다. 그뿐만 아니라 상대방의 성장과 꿈에 대해 관심을 보이고 그것을 달성할 수 있도록 도움을 주면 신뢰를 얻을 수 있다.

☑ 신뢰는 서로에 대한 관심과 정보의 공유이다

'우리'라는 느낌은 서로 연결되었다는 서로의 공유에서 온다. '정

서'를 공유하고 '관심사'를 공유하고 '정보'를 공유하고 '미래의 꿈'
을 공유해야 신뢰가 생긴다.

가족도 같은 집에 살지만 각자가 뭘 하는지, 어떤 생각을 하고
어떤 계획을 갖고 있는지, 아무것도 공유하지 않고 각자 행동하면,
가족이지만 연결이 끊어지고 가끔 남과 같다는 생각이 들 수 있다.

직장도 같은 울타리 속에 함께 있지만 서로에 대해 관심이 없고
각자 일하고, 각자 밥 먹고, 서로 소통하지 않고 서로 도움을 주고
받지 않는다면 외부인과 다를 바가 없다는 생각이 들 수 있다.

필자가 아는 박사님은 강의도 많이 하고 저서 활동과 TV출연으
로 사람들에게는 상당히 많이 알려져 있고, 회사 밖에서는 많은 분
이 따르고 존경하고 있지만 정작 20년 이상 같이 근무한 직장 동료
들은 그분이 어떤 책을 썼는지 어떤 활동을 하고 있는지 잘 모른다
고 한다.

어떤 조직에서 근무하는 사람들은 다른 사람들과의 갈등이 싫고
거절이 두려워 최소한의 접촉을 하면서 일한다. 특히 상사와의 접
촉은 더욱 피한다. 이런 상태에서 조직에서는 피상적이고 그럴듯
한 포스터와 구호만 회사 게시판과 화장실에 난무한다.

'신뢰의 문화 만들기'

'재미있는 직장을 만들기'

부하 직원은 상사에게 신뢰를 얻기 위해서는 자신이 하고 있는
일을 상사에게 자주 보고하는 것부터 시작해야 한다. 자신이 하고

있는 일을 감추고 보고를 자주 하지 않으면 상하 간에 신뢰가 생기지 않는다.

　대부분 부하 직원들이 상사로부터 피드백을 받거나 갈등이 일어나는 것이 싫어서 보고를 자주 하지 않는데, 상사의 신뢰를 얻기 위해서는 사소한 것부터 자주 보고를 하고 정보를 공유해야 한다. 마찬가지로 상사도 부하 직원으로부터 신뢰를 얻기 위해서는 가능한 자신의 아이디어와 일의 방향 그리고 업무 전체계획을 부하 직원들과 공유해야 한다. 서로 감추고 소통을 하지 않고 비밀이 많아지면 신뢰가 형성되기 어렵다.

신뢰의 문화를 만드는 리더 되기

☑ 리더로서 신뢰로운 리더가 되기 위해 실천하고 있는 항목을 상, 중, 하로 구분하여 체크해 보세요.

신뢰로운 리더 되기 실천 항목	상, 중, 하
직원들의 이익에 관심을 갖고 공정한 배분을 하기 위해 노력하는가?	
직원들에게 관심을 보이고 정보 공유를 적극적으로 하는가?	
직원들의 미래의 꿈을 도와주고 직원을 성장시키고 있는가?	

나는 가치 있는 사람인가

사람은 자신의 가치를 존중받고 싶어 한다. 자신이 속한 조직에서 무시받고 가치가 없는 사람으로 여겨진다고 생각해 보라. 직급이 높고 월급이 많아도 참기 힘들 것이고 행복하지도 않을 것이다. 모든 사람은 자신이 속한 조직에서 꼭 필요한 존재가 되고 싶어한다. 자신이 속한 조직에서 소중하고 가치 있는 사람으로 여겨질 때 동기가 높아진다. 그러나 많은 사람이 자신의 가치에 대해 잘 알고 있고 확신을 갖고 있기보다 타인의 평가에 의존한다. 그래서 대부분의 사람이 타인의 반응을 통해 자신의 가치를 확인하고 싶어 한다.

'상사가 나를 소중하게 생각하는지?'
'부하가 나를 소중하게 생각하는지?'
'판매직원이 고객인 나를 소중하게 생각하는지?'를 알고 싶어 한다.

"당신은 소중하고 가치 있는 사람입니다."라는 인식을 상대방에게 주면 동기가 높아진다. 인간은 사회적 동물로 진화했다. "자신이 가치 없다."라는 말은 "자신이 속한 조직과 사회에서 자신이 필요 없다."라는 말로 그것은 그 사람의 삶과 존재 자체를 부정하는 말이다.

사람은 사실 모두 각자 소중한 가치를 갖고 있고, 함께 잘 살기 위해서 다른 사람이 가진 다양한 능력과 가치를 필요로 한다. 그러나 실제 삶의 장면에서는 타인이 가진 다양한 가치를 잘 인정해 주지 못한다.

예를 들어, 당신이 관리자로서 '업무 능력'이라는 가치를 매우 중요하게 생각한다면, 업무 능력이 조금 부족한 직원들이 일이 서툴고 결과가 좋지 않으면 그를 무시하기 쉽다. 부하가 기대만큼 일을 못하거나 실수를 하면 상사는 잘못된 부분을 피드백하거나 지적할 수 있다. 그러나 일이 마음에 안 들거나 실수가 있다고 해도 그 사람 자체를 무시하거나 그 직원의 존재 가치를 떨어뜨려서는 안 된다.

무시받은 직원은 상사에게 화가 나고 상사에 대한 신뢰가 떨어져 더욱 일하기가 싫어진다. 업무에서 실수나 잘못이 있거나 현재 능력이 조금 떨어져도 인격적으로 존중하면, 배우고 고치려는 마음과 의욕이 사라지지는 않는다.

모든 사람은 자신의 가치를 인정받고 존중받고 싶어 한다. 능력의 유무, 결과의 좋고 나쁨을 떠나서 그 사람이 가진 인간적 가치를 존중하는 것이 동기를 올리는 인간관계의 핵심이다.

인간은 완벽하지 않다. 인간은 어떤 한 측면이 부족해도 다른 측면으로 인정받고 존중받고 싶어 한다. 예를 들어, 그가 컴퓨터를 잘 못해도 남을 잘 도와주는 것으로 가치를 인정받을 수 있고, 회사에서는 대리이지만 회사를 떠나면 소중한 자녀이고, 소중한 부모이고, 소중한 친구로서 다양한 가치가 있다.

직원을 동기부여하기 위해서는 그들이 가진 다양한 장점과 차별

화된 가치를 발견하고 존중해 주어야 한다. 타인을 존중하는 것이 어렵기 때문에 동기부여는 어려운 것이다. 동기를 높이는 인간관계의 핵심이 신뢰와 존중이라고 생각한다.

사랑하는 사람과 일하고 있는가

물질을 움직이는 석유, 석탄, 전기, 원자력 다양한 에너지 중 가장 강력한 에너지가 원자력이듯이 인간을 움직이는 에너지도 여러 가지가 있지만 원자력에 해당되는 강력한 에너지가 사랑이 아닐까 생각해 본다.

사랑은 인류가 가진 타고난 본능적 에너지이다. 사랑의 에너지를 동기의 에너지로 사용할 수 있다면 엄청난 일이 벌어질 것이다. 여기에서 사랑은 남녀 간의 사랑이 아니라 인간관계에서 '서로 좋아하고 보살펴 주고 챙겨 주고 성장시켜 주고 싶은 마음'을 말한다.

가장 좋은 인간관계는 신뢰, 상호 존중, 사랑의 관계이다. 여기에서 사랑과 동기의 관계에 대해서 다루고자 한다. 우선 사랑의 개념적 정의부터 내려 보자.

☑ 사랑은 주고받는 상호 의존적인 관계

사랑을 심리학적으로 분석해 보자. 심리학자 존 볼비에 의하면 사랑이라는 감정은 엄마와 어린아이의 양육 관계로부터 시작된다고 한다. 사랑을 구성하는 본질적 요소는 엄마가 자식에게 '주는 것'과 아이가 어머니로부터 '받는 것'으로 구성되어 있다.

갓 태어난 어린아이는 음식과 옷 그리고 따뜻한 포옹과 보살핌을 '받으면서' 엄마에게 사랑의 감정을 느끼게 된다. 그리고 엄마는 아이에게 음식과 옷 그리고 보살핌을 '주면서' 아이에 대해 사랑을 느끼게 된다. 엄마와 아이의 관계처럼 서로 주고받는 것이 사랑이라는 감정의 본질이다.

좋은 말, 미소, 친절, 커피 한잔도 상대를 위해서 주고 싶은 마음이 있으면 사랑의 시작이다. 조직에서 사랑의 관계를 만들려면 서로 '주고받는 관계'를 만들어야 한다. 서로 줄 것도, 받을 것도 없다면 사랑의 관계가 만들어지기 어렵다.

요즘 같이 인간관계 스트레스가 많은 사회에서는 서로 갈등을 피하기 위해 주지도 않고 받지도 않는 독립적인 인간관계를 선호하는 사람이 많아지고 있지만, 독립적인 인간관계보다 서로 주고받는 상호 의존적인 '사랑의 관계'가 동기를 더 높인다.

조직에서 주고받는 관계를 실천하는 것이 쉽지 않다. 주는 것도 어렵고 받는 것도 어렵다. 사랑의 첫 번째 기술, '잘 주는 방법'에 대해 살펴보자.

☑ 사랑의 기술 1. 잘 주기의 기술

상대를 사랑한다고 생각한다면 스스로에게 물어보라. "나는 상대방에게 무엇을 주고 있는가?" 자신이 무엇을 주고 있는지를 알면 자신이 사랑의 행동을 어떻게 하고 있는지 알아차릴 수 있다. 줄 수 있는 리스트에는 돈과 물질과 같은 것만 있는 것이 아니라, 친절, 배려 행동, 말(따뜻한 말, 격려, 칭찬, 충고) 등 매우 다양한 것을 상대에게 줄 수 있다.

사랑의 기술 '잘 주기 기술'의 첫 번째는 너무나 당연하고 모두 알고 있는 사실이지만, 가장 실천이 잘 안 되는 평범한 사실이다. 상대방에게 줄 때, '내가 주고 싶은 것을 주는 것이 아니고, 상대가 받고 싶은 것을 주어야 한다'.

예를 들어, 예전에 직장 회식에서 술을 자꾸 권하면서 부하 직원을 사랑한다고 말하는 상사가 있었다. 상대가 술을 원하지 않는 데도 술을 권하는 행위는 사랑의 행위가 아니다.

실제 이런 행동이 참 많다. 내가 원하지 않는 것을 상대에게 주면서 "자신이 누구에게 많이 베풀었다."라고 말하는 사람이 생각보다 많다.

한 달 동안 가족, 직장, 친구들에게 무엇을 주었는지 그리고 내가 준 것이 정말 상대가 필요한지 적어 보면 자신이 하고 있는 사랑의 행동의 실체를 알 수 있을 것이다. 한 달 동안 아무것도 준 것이 없다면 사랑의 행동을 한 것이 없다고 볼 수 있다.

주는 행동의 두 번째 기술은, 줄 때 상대가 이미 많이 가지고 있는 것이 아닌, 상대가 없거나 부족한 것을 주어야 한다는 것이다. 상대가 충분히 먹어 배가 부른 상황에서 더 많은 음식을 권할 필요가 없다. 이미 상대가 충분한 지식도 있고 스스로 판단을 할 수 있을 때, 사랑이라는 이름으로 충고와 지침을 가르치는 것은 필요 없는 행위이다.

이것도 너무 당연한 사실이지만 참으로 현실에서는 실천이 잘 안 된다. 사랑이라는 이름으로 필요 이상의 많은 가르침, 필요 없는 친절, 필요 없는 물질이 주어진다. 이미 상대가 충분히 가지고 있는 것을 사랑이라는 이름으로 자꾸 주려고 하는 것은 자기만족이며 상대를 통제하고 싶은 욕구일 뿐이다.

내가 상대방에게 주는 것을 상대방이 이미 가지고 있는지 생각해 보면 본인이 사랑의 행위를 제대로 하고 있는지 알 수 있을 것이다. 사랑의 행위로서 잘 주는 것은 결코 쉬운 일이 아니다.

사랑의 중요한 기술인 '잘 주는 것'이 어려운 이유는 앞에서 말했듯이 본인의 주는 행위에 너무 초점을 맞추기 때문이다. 인간은 누구에게 베풀면 심리적으로 기분이 좋아지고 우월감이 느껴진다. 주는 행위가 타인을 위한다고 하지만, 무의식적으로 자신의 만족감과 자기애의 충족으로 행해질 수도 있기 때문이다.

☑ 사랑의 기술 2. 잘 받기의 기술

사랑의 두 번째 기술은 '잘 받기'이다. 잘 받는 것도 사랑의 기술이다. 상대가 사랑의 마음으로 주는 것을 '잘 받는 것'도 쉽지 않다. 상대가 주는 것을 내가 받지 않으면 상대는 자신이 주려는 사랑의 행동이 거절당했다고 느낄 수 있다. 자신이 주는 것을 상대가 거부하면 대부분 섭섭해하는 것이 보통 사람들의 감정이다.

잘 받는 기술의 첫 번째는 실제 상대가 주는 물질이나 행동보다 상대의 마음과 의도를 잘 받아 주는 것이다. 상대가 주는 것이 혹시 내 마음에 들지 않더라도 또는 너무 기대보다 작은 것이라도, 상대가 주려고 하는 사랑의 마음을 알아차리고, 감사를 표시하면 주는 사람은 '사랑의 감정'을 느낄 수 있을 것이다.

잘 받는 행위는 나를 위한 것이기도 하지만, 한편으로 상대를 위한 사랑의 표현 행위이다. 주는 사람이 주면서 자신의 가치를 느끼고 스스로를 사랑할 수 있도록 감사하고 기쁘게 받아 주어야 한다.

두 번째 받는 기술은 관계에서 상대에게 조금 의지할 수 있도록 스스로를 허용하는 것이다. 어떤 사람은 타인으로부터 조그만 것을 받아도 심리적 부담을 느끼는 사람도 있다. 심리적으로 누구에게 뭔가를 받으면 스스로가 약해지는 느낌이 무의식적으로 든다. 그래서 강하고 독립적이고 높은 지위에서 있는 사람일수록 조그만 것도 타인에게 받으려 하지 않고 일방적으로 주는 위치에만 있으려고만 한다. 그러나 상대에게 일방적으로 주는 것만이 아니라, 아이처럼 편하게 상대가 베푸는 것을 받아 주고 상대에게 조금 의지하는 것도 사랑의 행위이다.

사랑의 관계를 원한다면 진심으로 상대가 필요한 것을 주고, 또한 상대가 주는 도움과 친절과 배려를 기꺼이 받고 감사하고 기뻐할 수 있어야 한다. 따라서 조직에서 사랑이 꽃피는 조직문화를 만들기 위해서는 서로를 챙겨 주고 감사하고 서로 상대가 꼭 필요하다는 것을 느끼게 해 주고 서로에게 조금씩 상호 의지할 수 있도록 자신을 허용해야 한다.

☑ 사랑의 기술 3. 공감의 기술

사랑의 세 번째 기술은 상대의 '감정에 대한 공감'이다. 상대가 힘들 때 내 마음이 아프고, 상대가 기쁠 때 나도 같이 기쁨을 느끼는 것이 사랑이다. 가족이나 함께 일하는 직원이 아프거나 힘들 때 내 마음이 아프고 신경이 쓰인다면 나는 그를 사랑하는 것이다.

부하 직원이 밤늦도록 일을 하는데 상사가 전혀 힘들지 않고 마음이 쓰이지 않는다면 사랑의 감정을 못 느끼는 것이다. 부하 직원이 고객들로부터 어려움을 겪고 있는데 상사가 마음이 아프지 않는다면 그는 부하 직원에게 사랑의 감정을 못 느끼는 것이다.

상대가 좋은 일로 기뻐하는데 내가 전혀 기쁘지 않고 오히려 배가 아프거나 속이 상한다면 나는 그를 사랑하는 것이 아니다. 상대의 감정에 같은 감정이 생기지 않으면 사랑의 감정이 부족한 것이다.

회사 직원을 진정 사랑하는 상사가 있고 역으로 상사를 진정 위하는 부하 직원들이 있다면 그 조직은 의욕과 열정이 넘치는 회사일 것이다. 왜냐하면 서로에게 좋은 것을 해 주고 싶어 하고, 서로 기쁨과 힘든 것을 함께 공유하기 때문이다.

로버트 레버링은 '일하기 좋은 위대한 기업'의 세 가지 특성이, 첫째, 자신이 하고 있는 일에 대한 자부심이 있고, 둘째, 회사와 상사에 대한 신뢰가 있으며, 셋째, 직장 동료들과 함께 일하는 재미와 사랑이 넘치는 조직이라고 정의했다. 사랑의 감정이 함께 일하는 즐거움을 주고, 일하고 싶은 의욕을 향상시킨다.

실천을 위한 Tip

사랑의 기술 세 가지

☑ 한 달 동안 사랑의 행동 중 실천한 것을 적어 보세요. 엄청난 큰 것을 생각하지 않아도 됩니다. 미소, 친절, 배려의 말, 도움을 주는 행동 모두 사랑의 행동입니다.

항목	질문
잘 주기	사랑하는 사람에게 무엇을 주었는가 적어 보라.
잘 받기	받은 것을 적어 보라. 받고 난 뒤, 감사 또는 상대의 가치를 인정했는가?
공감 행위	상대방이 감정을 표현했을 때 상대방의 감정과 같은 감정을 가지려고 노력했는가?

08

동기는 학습 가능한가

동기는 자극을 받으면 증가하고 학습될 수 있다. 동기가 학습될 수 있다는 말은 동기를 구성하는 요소들도 학습 심리의 원리와 법칙이 적용될 수 있다는 말이다.

동기세포는 학습으로 만들 수 있는가

동기가 높은 행동 특성은 유전적으로 타고난 것인가, 아니면 개발될 수 있는가? 결론만 얘기하면 필자는 유전적인 특성이 50%이고, 개발되는 부분이 50%라고 말하고 싶다. 이렇게 말하면 동기가 낮게 태어난 사람은 실망할 수 있다. 그러나 바꾸어 생각하면, 동기의 50%는 학습으로 개발될 수 있다는 말이기도 하다.

예를 들어, 생물학적으로 아주 높은 동기를 갖고 태어난 사람의 동기점수가 50점이고 개발된 동기가 10점이라면 그 사람은 동기가 60점이다. 그러나 타고난 부분이 40점이라도 노력해서 개발한 부분이 40점이면 80점의 동기수준을 가질 수 있다.

일반적으로 동물의 행동은 거의 유전으로 결정되지만, 인간은 50%만 유전적으로 결정되고 나머지 50%는 환경에서 배우고 스스로 노력하는 것에 의해 만들어진다고 한다. 성공에 필요한 동기를 개발할 수 있고 그 방법은 학습을 통해 개발할 수 있다.

학습의 가장 중요한 기본 원리는 '학습은 자극과 반응의 연합'이라는 것이다. 널리 알려진 파블로프의 개 실험에서 종소리와 함께 개에게 음식을 제공하면 개는 종소리를 들을 때마다 침을 흘린다. 나중에는 종소리만 울리고 음식을 제공하지 않아도 종소리에 침을 흘린다.

이 실험은 학습의 본질적 원리를 설명하기 위해 자주 인용되는 사례인데, 개가 음식이 없어도 종소리에 침을 흘리는 것은 학습된 행동이라고 볼 수 있다. 학습되지 않은 개는 종소리를 듣고 침을 흘리지 않는다.

학습의 본질은 '연합'이다. 종소리와 음식을 같이 제공함으로써 두 개가 연합이 되어 개는 종소리가 들리면 음식이 나온다는 사실을 학습한다. 이것을 동기학습에 적용하면 삶에서 어떤 자극을 받으면 동기가 올라가고, 어떤 자극에는 아무런 의욕이 생기지 않는데, 자극을 받았을 때 동기가 올라간다는 것은 그 자극이 동기를 불러일으키는 요소와 연합(학습)되어 있기 때문이다.

동기를 만드는 방법은 '동기를 불러일으키는 자극'을 만들고 자극을 많이 받는 것이다. 우리는 어떤 자극을 받을 때 동기가 생길까? 동기를 강력하게 자극하는 요소 중 하나는 각자가 갈망하는 욕망과 꿈이다. 개가 종소리를 들으면 침이 흐르듯이 자신의 욕망과 꿈을 자주 자극하면 동기세포가 만들어진다.

동기세포를 자극하는 꿈

인생에서 우리가 간절히 원하는 것 중 달성하기 어려운 목표를 우리는 보통 꿈이라고 말한다. 꿈은 자신이 현재 가진 능력과 현실성을 능가하는 자신의 주관적인 욕망과 포부를 나타내는 말이기도 하다. 분명한 꿈(목표)은 동기를 구성하는 중요한 구성요소이다.

그래서 많은 인생의 멘토들이 청소년이나 직장인들의 동기를 자극하는 방법으로 꿈을 가지라고 많이 강조한다. 그러나 대부분 청소년들이나 직장인들에게 "너의 꿈이 무엇인가?"라고 물어보면 구체적인 꿈이 없다고 말한다.

그럼 동기유발에 중요한 자극인 꿈은 어떻게 갖게 되는가? 김연아, 박지성, 박찬호, 최인호, 강수진 같이 자기 분야에서 성공한 사람들은 언제부터 피겨스케이트 선수, 축구선수, 야구선수, 소설가, 무용가가 되는 꿈을 가졌을까?

그들은 태어날 때부터 그런 꿈을 가진 것은 아닐 것이다. 처음에는 재미로, 또는 부모의 강요나 권유에 의해 운동이나 음악을 시작했고, 하다 보니 남들보다 조금 더 잘하게 되었고 그것이 부모와 교사의 관심과 칭찬을 받게 되고 그래서 더욱 열심히 노력하게 된 경우가 대부분일 것이다.

블룸이라는 심리학자의 연구에 의하면 주요 국제대회에 한 번이상 최종 후보에 오른 25명의 피아니스트를 연구한 결과, 그들은 처음부터 피아노를 치고 싶은 충동에 사로잡힌 아이들이 아니라 정반대로 대부분이 부모가 '억지로 연습시킨' 아이들이었다.

처음에는 뭘 하면 잘할지 모르는 상황에서 우연한 계기로 무언가를 시작했고 자신의 활동이 부모, 선생, 코치의 칭찬과 보상으로 연합되어 그들은 자신이 하는 것에 진정한 관심을 갖게 되었다.

부모는 아이들에게 잘할 수 있는 환경을 만들어 주고 좋은 코치를 찾아 주고 코치는 성장할 수 있는 방법을 알려 주고 결과에 대해 피드백을 해 주게 된다. 이것이 자극이 되어, 점차 아이들은 자신이 하고 있는 야구, 스케이트, 글쓰기를 좋아하게 되는 내적 동기가 형성된다.

교사와 부모는 아이들이 각종 대회에 나가도록 격려를 한다. 이런 대회는 단기적 목표를 제공해 주게 된다. 대회의 결과는 아이들에게 성취감을 주고 또한 발전해야 할 포인트를 발견하게 해 준다. 이런 동기를 높이는 자극의 선순환이 성공에 가장 필요한 강력한 동기를 만든다.

사람은 태어날 때부터 야구선수, 축구선수가 되는 꿈을 갖고 태어나지 않는다. 또한 목표를 달성하는 과정에서 당연히 만나는 고난과 역경을 이겨 낼 수 있는 강력한 동기를 부모님 배 속에서 모두 갖고 태어나지도 않는다.

오히려 꿈과 목표는 부모, 교사, 코치 그리고 외부적 환경의 자극과 보상을 받으면서 학습된다. 꿈이라는 나무는 뇌세포인 뉴런이라는 신경세포의 나무가 매일 조금씩 자라나는 것과 같다. 부모, 코치, 선생, 환경의 자극이 없다면 꿈은 자라나지 않는다.

그럼 동기를 자극하는 꿈 세포를 자라게 하는 학습 방법은 무엇일까? 그것은 반복이다. 우리의 두뇌는 새로운 환경에서 생존하고 적응하기 위해 새로운 것을 배우고 학습하는 기능도 있지만 필요 없는 과거의 경험과 정보를 잊어버리는 망각기능도 갖고 있다.

자주 사용하지 않는 것, 지금 필요로 하지 않는 지식과 기억들은 잊어버리는 것이 두뇌 사용의 효율성 측면에서 좋다. 왜냐하면 뇌는 한정된 용량을 갖고 있는데, 매일 입력되는 수많은 정보와 기존에 갖고 있던 엄청난 양의 저장된 정보를 모두 두뇌에 저장해야 한다면 뇌는 용량초과로 터져 버릴 것이기 때문이다.

진화적 측면에서 인간의 뇌는 자주 사용하는 것을 생존에 필요한 중요한 것으로 인식하고, 자주 사용되지 않는 것은 중요하지 않는 것으로 인식하도록 설계되어 있기 때문에, 반복하고 자주 사용하는 것만 잘 기억하고 나머지는 잊어버리게 되어 있다.

따라서 한 번보다 두 번, 두 번보다는 세 번을 보면 기억이 잘된다. 옛말에 세 사람이 호랑이가 나타났다고 말하면, 없는 호랑이도 나타났다고 믿는다고 했다. 이 말은 반복 자극의 힘을 강조하는 말이다.

꿈을 학습하는 방법은 다른 과제 학습과 마찬가지로 반복 학습이다. 가끔씩 꿈을 꾸면 학습되지 않고 내면화되지 않는다. 매일 꿈을 생각하고, 꿈을 노트에 적으면 학습이 되고, 꿈은 강한 동기 유발 자극이 된다.

파블로프의 실험에서 한 번 종을 치고 한 번의 고기를 제공하는 것으로 학습이 되지 않듯이, 꿈도 반복해야 학습이 된다. 학습된 꿈은 강한 동기적 자극이 되어 분명하게 행동의 방향성을 제시하며 행동을 불러일으킨다.

시각적 자극이 동기를 만든다

"보이지 않으면 마음도 멀어진다."
"보는 것이 믿는 것이다."
"견물생심(見物生心)"

대학 2년 방학 때 미영은 백화점에서 판매직 아르바이트를 했
다. 그녀는 사고 싶은 옷을 발견했고 퇴근 때마다 매장에서 그 옷을
쳐다보았다. 그리고 아르바이트 월급을 받는 날, 그 돈으로 할 것
이 많았지만 매일 퇴근 때 쳐다보던 그 옷을 가장 먼저 샀다. 반복
되는 시각적 자극은 동기를 강화하고 행동하게 만든다.

자극은 시각, 청각, 후각, 촉각으로 온다. 이런 감각으로부터 오
는 자극은 마음을 이루는 구성 소재가 된다. 동물들은 후각이 발달
했지만 인간은 상대적으로 다른 감각보다 시각이 발달했다. 뇌에
서 시각 관련 세포가 차지하는 부분이 50%를 넘는다고 하니, 시각
관련 정보처리 비중이 얼마나 높은지 알 수 있다.

따라서 다른 감각으로 뇌에 자극을 주는 것보다 시각으로 자극
을 주는 것이 뇌에 가장 강력한 영향을 줄 수 있다. 영화 속에서 주
인공이 포장마차에서 술을 마시는 장면을 많이 본 날은, 포장마차

에서 술 마시는 사람을 보면, 갑자기 그곳으로 가고 싶은 마음이 저절로 생기듯이 우리의 마음은 '시각적 자극'에 의해 강하게 영향을 많이 받는다.

우리가 보는 시각의 세계가 마음을 구성한다면 동기근육을 강화하기 위해 매일 '보는 습관과 보는 환경'을 디자인할 필요가 있다. 만약 구체적인 욕망의 대상이 있는 경우 매일 눈으로 보면, 해당 뇌세포를 자극할 수 있다. 예를 들어, 새 차에 대한 욕망이 있다면 그 차를 자주 보면 사고 싶은 동기가 강해지듯이, 매일 내가 원하는 것을 바라보면 뇌의 동기센터는 시각적 자극을 받는다. 따라서 원하는 욕망의 대상이 있으면 사진이나 글을 PC 앞, 냉장고 앞, 책상 앞과 같이 다양한 곳에 많이 붙여 놓고 자주 보는 것이 좋다.

거리를 걷다 보면 연극이나 공연 홍보물이 한곳에만 붙어 있지 않고 몇 미터 간격으로 여기저기 붙어 있는 것을 볼 수 있다. 시각적으로 자주 반복해서 보는 것이 뇌에 더 많은 자극을 주고 욕구를 강화하기 때문이다.

따라서 자신의 동기를 자극하기 위해서는 자신의 목표 성취동기와 관련된 자극을 자주 많이 볼 수 있도록 주변 환경을 시각적으로 설계하는 것이 좋다.

☑ 시각적 자극의 설계 방법 1: 변화를 주어라

시각적 자극은 욕망을 자극해서 동기를 만들지만 유감스럽게 오래가지 못하는 단점이 있다. 고등학교에 진학한 딸이 스스로 동기부여를 위해 '자신이 원하는 대학 이름과 반 등수'를 책상에 붙여 놓았다. 하지만 한 달이 지난 후에는 책상에 붙여 놓은 대학 이름과 반 등수는 더 이상 동기를 자극하지 못한다.

우리의 뇌는 익숙하거나 이미 알고 있는 자극에 관심을 갖지 않고 무시하는 경향이 있다. 뇌는 새롭고 신선한 시각 자극에는 주의 집중을 하나, 그 자극에 익숙해지면 그것을 간과한다. 따라서 같은 자극에 오랫동안 반복 노출되면, 뇌가 그 자극에 대해서 무뎌지기 때문에 시각 자극에 변화를 주거나 다른 형태로 교체할 필요가 있다.

백화점들이 자주 매장을 리뉴얼하고 상품을 재배열하고 홍보물과 판매 슬로건을 다시 만드는 이유도 시각적 변화를 통해 구매 의욕을 높이기 위한 것이다. 백화점이 리뉴얼을 통해 변화를 주듯이, 지속적으로 시각적 동기를 자극하고 싶다면 달성 목표와 내용은 같지만 '표현 형식과 방법'을 새롭게 해서 자주 시각적 변화를 주는 것이 동기유발에 더 효과적이다.

☑ 시각적 자극의 설계 방법 2: 자극을 매력적으로 꾸며라

"보기 좋은 떡이 먹기도 좋다."

"같은 값이면 다홍치마"

시각적 자극이 매력적이면 더 원하게 된다. 시각적으로 매력적인 남자, 여자, 차, 옷, 가방 등 외형이 아름다우면 더 오랫동안 쳐다보게 된다. 상인들은 고객의 구매 동기를 유발하기 위해서 자신의 상품이 매력적으로 보이도록 안간힘을 쓴다.

해외여행 상품 속의 사진들은 가장 멋진 장소에서 찍은 가장 아름다운 사진들이다. 아름다운 사진이 욕망을 더 잘 불러일으키기 때문이다. 같은 음식도 좋은 그릇에 담아 놓았을 때 더 맛있게 보이고, 같은 옷도 좋은 조명에 멋지게 진열해 놓았을 때 더 원하게 된다. 따라서 동기를 강화하기 위해서는 '욕망의 대상'을 시각적으로 매력적으로 보이게 꾸며야 한다.

요리사가 음식을 맛있게 만들고 예쁜 그릇에 담아 식욕을 높이려는 노력을 하는 것처럼, 자신이 일하는 일터와 작업실을 아름답게 만들면 삶의 전반적 의욕이 증가한다. 엄마가 딸의 머리를 예쁘게 꾸미고 딸의 방을 예쁘게 꾸미듯이, 주변 환경을 정리하고 아름답게 만들려는 노력을 하면 삶의 의욕이 증가하게 될 것이다.

아름다움은 거창한 것이 아니라 잘 정리되고 깨끗하고 조화로운 것에서 비롯되는 기분 좋음이다. 일터가 정리되고 아름다울수록 직원들의 의욕이 올라갈 것이다. 정리하면 자극이 아름다우면 동기도 증가된다.

동기를 높이기 위한 주변 환경의 설계

☑ 목적을 방해하는 자극의 차단

"한 마리 토끼만 쫓아라."

"한 우물을 파라."

진화적 입장에서 인간을 보자. 원시인이 작은 토끼 사냥감을 발견했다. 토끼를 잡으려는 순간 다시 사슴을 발견했다. 토끼를 쫓다가 사슴에 잠시 한눈을 파는 순간 다 잡은 토끼를 놓쳐 버릴 것이다. 목적을 달성할 만큼 강렬한 동기를 가지기 위해서는 한 목표에 대한 집중력과 지속성이 매우 중요하다.

집중력을 강화하기 위해서는 한 가지에 집중하고 지속할 수 있도록 자극 설계를 해야 한다. 돋보기가 태양의 빛을 한 초점에 맞출 때 불을 지필 수 있듯이, 뭔가 결과를 내기 위해서는 한곳에 집중을 해야 한다.

원하는 목표를 달성한 사람은 목표 관련 자극 이외 집중을 방해할 다른 자극적 요소를 차단하려고 노력한다. 시험 합격을 위해 집을 떠나 절에 가거나 고시원에 가서 공부하는 것은 자신이 원하는 것만 보고, 원하는 자극만 받기 위해서이다. 견물생심(見物生心)이라고 이것저것을 보고 듣게 되면 본 것에 해당하는 마음이 생기기 때문이다.

베스트셀러 작가이자 유명한 강사이기도 한 조관일 박사의 강의를 들은 적이 있다. 그는 취업 준비를 위해 절에 가서 공부를 했는데, 절에서도 밖으로 나가서 이것저것 하고 싶은 욕구가 너무 많이 생겨, 그런 욕구를 없애기 위해 눈썹을 면도칼로 다 밀었다고 말했다. 눈썹이 없으면 창피해서 밖으로 나갈 수가 없는 상황을 만들었다. 그는 원천적으로 불필요한 외부 자극을 다 차단했기 때문에 원하는 직장에 취직할 수 있었고 그런 결단이 있었기 때문에 직장생활과 사회생활에서 모두 성공할 수 있었다.

작가 이외수도 글을 쓰기 위해서 스스로 감옥을 만들고 밖에서 자물쇠를 채우고 죄수가 밥을 먹듯이 외부에서 주는 밥을 먹으면서 집필에 전념했다는 일화는 유명하다. 모든 외부 자극을 끊어 버리는 결단적인 행동은 한 가지에만 집중하기 위한 노력이다.

정리하면 외부로부터 유입되는 자극 중 목표와 관련된 자극만 볼 수 있도록 '설계'하는 것이 강한 동기행동에 도움이 된다. 단기간에 목표를 달성하는 사람들은 목표달성을 위해서 TV 보지 않기, 친구 만나지 않기, 술 마시지 않기, 밖으로 나가지 않기와 같이 불필요한 외부 자극을 차단한다. 그런 사람들을 '독하다'고 말하고, 행복한 삶이란 적당히 인생을 누리는 것이지 굳이 그렇게까지 살 필요가 있겠냐고 할 수 있겠지만 단기간에 원하는 목표를 달성하기 위해서는 목표에 맞게 자극을 설계하는 것이 도움이 될 때가 많다.

목표하는 사냥감이 멧돼지나 사슴과 같이 큰 동물이라면 다른 사소한 자극에 흔들리지 않고 하나의 목표에 오랜 시간 집중해야 큰 사냥감을 잡을 수 있다. 주변 환경을 동기를 주는 자극이라는 측면에서 설계하는 것도 동기세포를 만드는 데 도움이 된다.

☑ 동기를 자극하는 장소를 자주 방문하기

일 년, 한 달, 일주일, 하루를 계획할 때, 방문해야 할 곳을 '동기 부여를 위한 자극'이라는 측면에서 설계해 보는 것도 좋다. 공부는 집에서도 할 수 있지만 도서관을 찾는 것은 공부에 필요한 자극을 많이 받을 수 있고, 미술을 공부하기 위해서 한국에서도 할 수 있지만 파리에 가면 미술에 대한 자극을 많이 받을 수 있듯이 원하는 목표를 달성할 수 있는 자극을 많이 받을 수 있는 장소와 환경을 자주 방문하면 스스로 동기부여에 도움이 많이 된다.

필자가 근무하는 회사는 강사와 교육담당자를 양성하는 전문 교육기관이다. 몇 년 전에 강사들의 능력개발을 위해 강사들이 정기적으로 모이는 '강사 소사이어티'라는 모임을 운영한 적이 있다. 이 모임은 강사들이 주로 참가하고 강사들이 돌아가면서 강의를 함으로써 다른 강사들의 강의를 들을 수 있는 모임이다.

끝나고 참가 소감을 나눠 보면 "다른 강사들의 강의를 통해 자극을 많이 받았고 앞으로 더 열심히 자기 개발을 해야 하겠다는 생각이 든다."라는 말을 많이 했다. 원하는 목적에 맞는 동기자극을 많이 받기 위해서는 우연에 맡기지 않고, 자신의 목표달성에 부합하는 자극을 더 많이 받을 수 있는 장소에 자주 가는 것이 좋다.

강사들 모임에 가면 강의를 잘해야 하겠다는 의욕이 생기고, 책방에 자주 가면 자기 개발 의욕이 더 많이 생긴다. 같은 관심사, 같은 목표를 가진 사람들이 많이 모이는 곳에 가면 "나도 저렇게 열심히 살아야지." 하는 자극을 더 많이 받는다.

영화감독 류승완은 어릴 적 부모를 일찍 여의고 슬픔과 괴로움을 잊기 위해 영화에 취미를 갖고 매일 영화관에 갔다고 한다. 그가 자주 찾아간 영화관이 그의 미래를 만들었다. 그는 영화 촬영 장소에 배우를 태워 주는 로드 매니저로 영화 일을 처음 시작했으나 나중에는 성공한 영화감독이 되었다.

내가 자주 보는 것, 자주 방문하는 장소가 바로 동기를 생산해 내는 곳이다. 내 꿈에 강한 자극을 주는 장소를 방문하는 것은 동기를 만드는 용광로에 들어가는 것과 같다. 대부분 성취욕이 강하고 많은 것을 성취한 사람은 자신이 추구하는 목표에 맞는 자극을 주는 환경에 자주 가는 것 같다. 나의 꿈을 자극하는 장소, 나의 동기를 자극하는 장소가 어디인가? 그곳에 자주 방문하면 동기가 높아질 것이다.

실천을 위한 Tip

동기를 높이는 자극 환경

☑ 자신의 동기를 높이는 자극에 대해서 적어 보세요.

항목	자신의 답을 적어 보기
꼭 달성하고 싶은 꿈을 매일 종이에 적고 있는가?	
동기를 높이기 위해 매일 바라보는 시각적 자극이 주변에 있는가?	
동기를 높이기 위해 자주 방문하는 장소는 있는가?	

09

동기를 높이는 목표설정과
피드백 방법

목표는 높은 동기 행동의 세 가지 요소 중 하나인 행동의 방향이다. 목표설정의 방법 그리고 피드백을 받는 방법에 따라 동기의 수준이 달라진다. 동기를 높이는 핵심 구성요소인 목표설정 방법과 피드백에 대해 살펴본다.

목표설정 방법에 따라 동기가 달라진다

☑ 목표가 주는 작은 변화

휴일 집에서 쉬는 날 목표가 없이 보낸 하루와 구체적인 목표를 세우고 보낸 하루의 차이를 느꼈을 것이다. 목표가 없으면 그냥 시간이 가고 하루가 끝난 뒤 "오늘 뭘 했지?" 하고 스스로 질문을 해 보면 별로 한 것이 없는 것 같다.

일요일 아침 일어나서 책상에 앉아 해야 할 일을 간단히 리스트를 만들고 하루를 시작해 보라. 예를 들어, 목욕하기, 운동하기, 한 시간 동안 책 읽기, 영화 보기 그리고 한 시간 동안 집안 정리하기 등의 목표를 세우고 하루를 보내고 난 뒤, 저녁에 메모지에 적은 것을 보면 거의 실천되었다는 것을 발견한다. 그렇다고 충분히 휴식을 취하지 않은 것도 아니다.

목표가 있는 하루와 목표가 없는 하루가 다르다. 마찬가지로 목표가 있는 한 달과 목표가 없는 한 달, 목표가 있는 1년과 목표가 없는 1년이 달라진다. 당연히 목표가 있는 삶과 목표가 없는 삶은 나중에 아주 달라진다.

목표는 동기 이론의 기본이자 초석이다. 앞에서 얘기했듯이 '행동의 방향성'이 동기에서 중요한 요소인데, 목표는 행동의 구체적인 방향성을 제공해 주고 에너지의 조직화를 가능하게 한다. 목표가 없이는 행동이 결과를 내지 못하고 힘은 분산된다. 또한 목표는 방향성 제시뿐만 아니라 내 안에 있는 열정과 잠재력을 이끌어 내기도 한다. 목표의 기능과 역할에 대해서 간단히 정리해 보자.

첫째, 목표는 노력하도록 자극을 준다. 목표는 강력한 동기자극이다. 어부에게는 어획량, 학생에게는 성적, 영업사원은 매출 목표, 예술가에게는 공연의 목표가 있다. 우리는 매일 목표를 이루기 위해 노력한다. 앞에서 얘기했듯이 목표 중 간절한 너무나 달성하고 싶은 목표를 꿈이라고 한다.

둘째, 목표는 참고 인내하게 해 준다. 목표가 없이 산을 올라가는 것보다 산 정상에 가서 사진 찍고 간식 먹고, 산을 내려와서 즐겁게 막걸리를 한잔하겠다는 구체적인 목표가 있는 사람이 산을 오르는 고통을 더 잘 참는다.

그냥 회사에 다니는 사람보다 '회사에서 임원까지 해야겠다.' 또는 '회사에서 평생 먹고 살 기술이나 창업을 할 수 있는 노하우를 배우겠다.'는 구체적인 목표를 가진 사람이 조직생활의 고통을 더 잘 인내하고 원하는 결과도 잘 이루어 낸다.

셋째, 목표는 의사결정을 도와준다. 길을 잃을 때, 어디로 가야 할지 모를 때 목표는 방향성을 제공해 주고 의사결정을 도와준다.

예전에 대학교에서 교양과목으로 '일의 세계와 심리학' 과목을 강의하면서 4학년 학생들을 대상으로 희망자에 한해 진로 상담을 해 준 적이 있다. 처음에는 대학생들이 기업에 대한 정보가 부족할 것이라 생각해서 기업 정보나 기업의 전망에 대해 상담을 해 주었는데, 상담을 할수록 대학생들이 진로 결정을 하지 못하는 것은 기업에 대한 정보보다 명확한 자신의 삶의 목표가 없기 때문이라는 사실을 발견했다.

구체적으로 자신이 원하는 목표가 명확하지 않으면 외부의 자극에 의해서 영향을 받는다. 그래서 목표가 없으면, 이것 보면 이것이 좋아 보이고, 저것 보면 저것이 좋아 보이니까, 의사 결정을 하지 못한다. 명확하게 가고 싶은 곳이 없는 사람은, 어느 곳에 가도 상관이 없기 때문에 우유부단해지고 의사결정이 어렵다.

넷째, 구체적인 목표가 있으면 목표를 달성할 수 있는 아이디어가 많이 생긴다. 목표를 세우면 항상 목표를 막는 장애나 방해 요인이 당연히 생긴다. 어려움을 극복하고 해결하기 위해 노력하는 가운데 아이디어도 생기고 능력개발도 된다. 목표를 달성하려는 강한 동기와 의지는 창의력을 키우고 전략적 사고방식을 키운다.

자신에게 동기를 부여하는 방법은 하루의 목표, 한 달의 목표, 1년의 목표, 삶의 목표를 적는 습관을 갖는 것이다. 리더십 교육기관에서 세계적 기업의 CEO들에게 설문을 했다. "가장 뽑고 싶은 인재는 어떤 인재인가"라는 질문에 가장 많은 CEO들이 첫 번째 순위로 뽑은 것은 "자발적으로 스스로 목표를 세워서 일하는 사람"이다. 시키지 않아도 스스로 목표를 세우고 실천하는 사람이 동기가 높은 뛰어난 인재이고 CEO들이 가장 좋아하는 인재이다.

☑ 목표수준에 따라 동기가 달라진다

목표를 세울 때 달성하기 쉬운 목표가 좋을까? 달성하기 어려운 목표를 설정하는 것이 동기 유발에 좋을까? 심리학 이론에 따르면 자신의 능력 수준보다 조금 어려운 목표설정이 동기를 가장 높인다고 한다. 달성하기 너무 쉬운 목표는 의욕이 떨어지고, 반대로 너무 높은 수준의 목표 또한 의욕이 떨어진다.

예를 들어, 고리에 링을 던진다고 가정해 보자. 팔을 뻗으면 바로 닿을 수 있는 가까운 위치에 고리를 세워 놓고 링을 던지면, 열 개 던져서 열 개 다 넣을 수 있다. 그러나 이런 게임은 너무 쉽기에 재미도 없고 의욕도 떨어진다. 또 한편 고리의 위치가 내가 서 있는 곳과 너무 거리가 멀어서 링을 열 개 던져서 한 개도 못 들어가면 재미도 없고 의욕도 떨어진다. 열 개 던져서 다섯 개나 여섯 개 정도 들어가는 거리의 난이도가 링을 던질 때 가장 재미도 있고 의욕도 높다.

목표를 달성하면 성취감이 생긴다. 그러나 너무 쉬운 목표는 성취감을 느낄 수 없다. 예를 들어, 프로 테니스 선수가 중학생과 테니스 게임을 열 번 해서 열 번 모두 이긴다고 한다면 무슨 재미가 있고 성취감이 있겠는가? 자신의 실력보다 조금 어려운 목표를 달성하는 과정에서 실력도 늘고 성장도 하게 된다. 따라서 쉬운 목표보다는 자신의 능력수준보다 조금 어려운 목표를 설정하는 것이 높은 동기행동에 도움이 된다.

☑ 장기적인 목표와 단기적인 목표의 한 방향 정렬하기

대학생들에게 꿈에 대해 질문했다.

"장래의 꿈이 뭔가요?"
"방송국 PD가 되고 싶어요."
"올해 꼭 달성하고 싶은 목표는 무엇인가요?"
"글쎄요? 아르바이트해서 유럽 여행을 생각하고 있어요."

많은 사람이 장기적인 목표만 있고 단기적 목표가 없거나, 또는 올해의 목표 같은 단기적 목표만 있고 10년 후의 장기적 목표가 없는 경우가 많다. 진정한 목표 수립은 장기적인 목표와 단기적인 목표 두 가지 수립이 다 필요하다.

광고홍보학과 학생이 졸업 후, 방송국 PD가 되겠다는 장기적인 목표도 중요하지만 현재 대학생의 위치에서 PD가 되기 위해서는 학점을 잘 따고 여러 가지 방송 관련 영상제작 공모전 입상이라는 단기적인 목표 수립도 중요하다.

장기 목표는 즐거움을 주지만 단기 목표는 고통을 준다. 예를 들어, 지금 좋은 학점을 취득하기 위해 기말고사 공부를 하고, 공모전을 준비하는 것은 스트레스와 고통이 따른다. 그러나 방송국 PD가 되어 연예인들과 함께 드라마를 찍는 장기적인 목표를 생각하면 즐겁다.

단기 목표만 있으면 인생이 고통스럽고 또한 장기 목표만 있고 구체적인 단기 목표가 없으면 현재 삶의 충실성이 떨어진다. 단기 목표와 장기 목표가 한 방향으로 정렬되어 있어, 단기 목표의 달성이 궁극적으로 장기 목표의 달성으로 연결될 수 있을 때 가장 의욕이 높아진다.

정리하면, 동기를 높이는 목표설정은 10년 후의 장기적인 목표와 이번 달 그리고 올해의 단기적 목표를 정하고, 그 목표들을 서로 연결시키는 작업이다.

실천을 위한 Tip

장기 목표와 단기 목표의 연결

☑ 장기 목표와 단기 목표를 적어 보세요. 그리고 목표들 간의 상호 연결성
을 찾아보세요.

항목	구체적으로 적어 보기
10년 후 달성하고 싶은 목표	
올해 달성하고 싶은 목표	
이번 달에 달성하고 싶은 목표	

피드백은 동기부여에 꼭 필요한가

피드백은 고통일까 동기부여일까? 많은 사람이 상사로부터 또는 부모로부터 자신이 한 일의 결과에 대해 피드백 받는 것을 싫어한다. 그러나 대부분 성공한 사람들은 목표를 달성하기 위해 피드백이 성장에 꼭 필요하다고 생각하며, 피드백이 고통이라기보다 오히려 동기를 높였다고 말한다. 동기와 피드백의 관계에 대해 살펴본다.

☑ 피드백은 몰입을 높이고 동기를 높인다

앞에서 얘기했듯이 목표가 없는 삶보다 구체적인 목표가 있을 때 더 열심히 산다. 여기에 추가하여 목표달성과 관련된 피드백을 받는 것도 동기를 높이는 데 많은 도움이 된다. 예를 들어, 6개월 동안 영어 시험공부를 한다면, 1년 동안 영어 공부만 하기보다 대부분 중간중간에 모의 테스트를 해 보면서 자신의 실력을 피드백 받아보며 공부를 할 것이다. 테스트라는 피드백이 학습동기를 더 높이기 때문이다.

우리의 두뇌 시스템은 외부로부터 피드백을 통해 자신의 현재 상태를 조절한다. 대개 재미있는 게임은 자신의 행동 결과에 대한 피드백을 바로 확인할 수 있도록 되어 있다. 스포츠 선수들이 의욕이 높은 것은 바로 자신의 행동 결과를 바로 피드백을 받을 수 있기 때문이다.

그러나 비즈니스 분야에서는 행동의 결과를 바로 피드백 받기가 어려운 경우가 많다. 어떤 일을 한 후, 한 달 후 또는 두 달 후에 피드백 받는 일도 있다. 피드백을 빨리 받을수록 일에 대한 몰입이나 행동수정이 빨리 이루어진다.

책을 쓰는 것보다 페이스북 글쓰기가 재미있는 것은 다른 사람들이 '좋아요'로 빠른 피드백을 해 주기 때문이다. 빠른 피드백은 동기를 높이고 일의 몰입을 가져온다. 리더가 직원들이 업무에 대해 빨리 반응해 주고 피드백해 주면 동기가 높아질 것이다. 반응 없는 상사나 피드백 없는 상사랑 같이 일을 하면 일이 재미가 없다. 부하가 제출한 보고서를 1주일 후에 피드백 주는 경우보다 바로 의견을 주는 것이 직원들의 동기와 성과를 높인다.

"인간은 사회적 동물이다."라는 말은 '인간은 사회적 반응'을 원한다는 말과 같다. 내가 지금 하고 있는 일이 올바른 방향인지, 아닌지를 바로 피드백 받을 수 있으면 더 열심히 한다.

☑ 피드백의 본질은 올바른 방향과 방법을 찾는 것

한 번도 안 해 본 일, 새로 기획한 일은 실제 행동으로 옮겨 보아야, 기획이 제대로 되었는지 피드백 받을 수 있다. 행동하지 않으면 피드백을 받을 수 없다. 결론적으로 아무것도 하지 않는 사람은 어떤 피드백도 받을 수 없다.

테니스나 골프를 배우는 것도 수많은 스윙과 피드백을 통해 자신에게 맞는 스윙 동작을 찾는 것이다. 피드백은 결국 목표를 향해 가는 방법을 알려 주는 가이드이다. 행위의 결과를 자기의 눈으로 그리고 타인의 눈으로 확인하는 것이 피드백이다. 직장에서 업무가 끝난 후, 그냥 급하게 사무실을 떠나는 것이 아니라, 하루를 돌아보고 무엇을 끝냈고, 무엇을 마무리하지 못했는지 되돌아보는 것도 스스로 하는 셀프 피드백이다.

목표를 이루기 위해서는 구체적인 목표 수립뿐만 아니라 '피드백 계획'도 함께 수립하는 것이 좋다. 예를 들어, 전문 프리랜서 강사가 강의의 양적 목표로 1년간 총 강의 시간, 강사료 수익 목표를 세웠다면, 그 계획과 함께 강사로서 강의 피드백을 받을 수 있는 계획도 수립하면 좋다. 예를 들어, 강의를 하고 난 뒤 '강의 일기'를 쓰는 셀프 피드백 방법도 있고, 강의 때마다 한 명 이상의 학습자로부터 피드백 요청 전화를 하겠다는 계획도 수립할 수 있다. 이런 피드백 계획이 자신의 의욕을 높이고 강사료 수입 목표를 좀 더 효율적으로 달성하게 해 줄 것이다.

세계적인 성악가가 꿈이라면 여러 가지 음악 대회에 나가서 피드백을 받아 보아야 한다. 다양한 대회에 나가고 시험을 치는 것은 단기적 목표를 달성하는 것이기도 하지만, 한편으로 자신의 궁극적인 목표를 달성하는 데 도움이 되는 피드백을 받는 것이기도 하다. 피드백은 올바른 방향을 제공해 주고 동기를 높여 준다.

☑ 동기부여 피드백의 방법

스포츠와 음악과 같은 분야에서는 코치로부터 피드백이 상시적으로 이루어지지만 비즈니스 현장인 직장에서는 직원들이 피드백을 적극적으로 원하지도 않고 서로 피드백을 잘 주지 않는 조직문화가 대부분인 것 같다. 그 이유는 많은 사람이 피드백이 진정한 의미의 성장을 위한 좋은 소통이라고 생각하지 않고 피드백을 비난과 평가로 생각하기 때문이다.

상사나 동료의 피드백 방법이 좋고, 그 피드백이 본인의 성장에 실제적 도움이 된다면, 피드백은 성과와 동기를 올릴 수 있을 것이다. 그러나 현실은 피드백 방법이 서툴러서, 피드백으로 상대의 동기를 올리기보다 오히려 의욕과 사기를 떨어뜨리는 경우가 많은 것 같다. 직장에서 성장을 위한 '동기부여 피드백 기술'이 필요한 것 같다. 리더를 위한 '동기를 향상 시키는 피드백' 방법을 나름대로 정리해 본다.

첫째, 성장을 위한 피드백을 할 때 상대의 개선 점과 함께 좋은 점도 피드백해 주어야 한다. 그러나 직장에서의 피드백은 고칠 점, 잘못된 점만을 얘기해 주는 경우가 많다. 잘못을 개선하는 것은 성장에 꼭 필요한 일이다. 그러나 개선 목적의 피드백이라도 사람의 감정을 기분 나쁘게 하면 안 된다. 피드백을 받는 사람이 피드백을 해 주는 사람에 대해 부정적인 감정을 갖게 되면 그 사람이 주는 피드백은 큰 효과가 없기 때문이다.

"내가 싫은 사람이 하는 얘기는 들을 가치가 없다."라는 공식이 사람들의 머릿속에서 무의식적으로 작동된다. 사람들은 자신이 좋아하는 사람의 말에만 귀를 기울인다. 따라서 상대의 감정을 고려해 주고 자존심을 세워 주고 난 뒤, 고쳐야 할 점을 얘기하는 것이 좋다. 상대의 장점 세 가지 피드백에, 고칠 점 한 가지 피드백 정도가 적절한 비율이다.

둘째, 동기를 향상시기기 위해서는 피드백이 비난, 비판이 아닌 사실적이며 정보적이며 문제해결적으로 이루어져야 한다.

"이렇게 하는 것이 더 좋은 방법이야."

"지금 하는 방법은 나쁘지 않아. 그렇지만 이 방법이 더 좋을 것 같아."

"점점 좋아지고 있네. 지금 방식으로 추진하면 좋은 결과가 있겠네."

당신이 만약 제대로 피드백을 한다면, 부하 직원은 의욕이 떨어지는 것이 아니라 동기가 계속 올라갈 것이다. 심리학 연구에 의하면 어떤 과제를 수행한 뒤, 긍정적인 피드백을 받은 사람과 부정적인 피드백을 받은 사람 그리고 아무런 피드백을 받지 않은 사람의 세 집단으로 나누고, 수행 동기를 조사했을 때, 아무런 피드백을 받지 않은 사람도 부정적인 피드백을 받은 사람만큼 자존심에 상처를 느끼고 무능감을 느꼈다고 한다. 직장인은 피드백이 없으면 좋아하는 것 같아 보이지만 실제로 피드백이 전혀 없으면 오히려 동기가 떨어진다.

셋째, 피드백이 부정적 내용을 담고 있거나 개선에 관한 사항일 경우에는, 가능하면 시간을 짧게 해야 한다. 너무 오랜 시간 이유를 설명하거나 많은 얘기를 하는 것은 좋지 않다. 짧게 수정해야 할 사항만 얘기하는 것이 좋다.

부정적인 피드백에서 내용보다 더 중요한 것은 양이다. 양이 짧을수록 부정적 피드백은 더 효과가 있다. 인간은 부정적인 감정에서부터 도망가거나 저항한다. 회피와 저항의 시간이 길면 좋은 취지의 피드백 내용까지 의미를 상실한다.

넷째, 피드백은 강요가 아니고 제안일 뿐이다. 너무 강요하지 말고 "이런 방법이 좋은 것 같다." "내가 생각할 때 진행 방법을 바꾸는 것이 좋겠다."라는 식으로 상대에게 압박감을 주지 않고 피드백을 주어, 피드백을 받는 사람이 정보를 듣고 스스로 선택할 수 있는 자율성을 주어야 한다. 앞에서 얘기했듯이 자율성이 내적 동기의 근원이고 뿌리이다.

다섯 번째, 내가 피드백을 했다고 해서 상대방이 금방 발전하거나 바뀌지 않는다. 인간의 변화는 시간이 필요하고 중요한 변화일수록 시간이 많이 걸린다. 상사가 부하 직원에게 지적하고 가르쳐 준 것이 개선되지 않았다고 바로 질책하거나 따지면, 부하는 다음부터 상사의 피드백을 피하게 되고 마음속으로 저항하게 된다. 따라서 피드백을 하고 난 뒤 참고 기다리는 것이 필요하다.

심리학 연구에 의하면 동기가 낮은 사람일수록 피드백을 더 싫어한다고 한다. 그들은 긍정적이든 부정적이든 피드백 자체를 회피한다. 오히려 동기가 높은 사람이 피드백을 원한다. 피드백이 필요한 사람이 더 피드백을 싫어한다는 특성을 잘 이해하고, 피드백을 할 때는 항상 사전에 준비하고 상대의 동의를 구해야 한다. 피드백을 싫어하고 준비가 안 된 사람에게는 너무 적극적인 피드백은 오히려 상대의 의욕을 떨어뜨리는 역효과가 생긴다.

직장의 현실은 피드백을 잘 주기도 어렵고 피드백을 잘 수용하기도 어렵다. 직장에서 피드백을 잘 주고, 잘 받을 수 있다면 동기가 높아지고 목표도 많이 이룰 수 있을 것이다. 피드백은 스킬이기 때문에 실제 시행하려면 여기서 열거한 동기부여 피드백 방법을 숙지하고 많은 연습이 필요하다.

동기를 올려 주는 피드백 방법

☑ 당신은 타인과 변화에 대해 얘기할 때 동기부여 피드백을 실천하고 있습니까? 실천하고 있는 정도를 상, 중, 하로 체크해 보세요.

동기부여 피드백의 실천 사항	상, 중, 하
상대방이 나를 좋아해야 내 말을 듣는다. 상대방의 감정을 배려하면서 말한다. 장점과 함께 개선점을 얘기한다.	
과거에 대한 비난이나 비판보다 사실적, 정보적, 문제해결적으로 대화를 한다.	
부정적인 내용은 가능한 짧게, 간결하게 말하려고 노력한다.	
나의 피드백을 강요하지 않고 상대방이 선택할 수 있도록 자율성을 주는 설득적 태도를 갖고 있다.	
상대가 빨리 바뀌기를 기대하지 않고 피드백을 한 뒤 참고 기다린다.	

10

성공은 자기 조절 능력에 달려 있다

비슷한 능력을 갖고 있어도 어떤 사람은 많은 목표를 성취하고 어떤 사람은 목표를 달성하지 못한다. 심리학자들은 그 차이가 생기는 많은 부분이 '자기 조절'에 달려 있다고 본다.

심리학자 짐머만(Zimmerman)은 '자기 조절'에 대해 목표를 구체적으로 달성하는 전략과 프로세스라고 말했다. 이 장에서는 자기 조절의 핵심 구성요소인, 자기 관찰, 자기 평가, 반응 조절 그리고 자아 의지의 결핍과 같은 자기 조절의 주제들을 살펴본다.

자기 조절의 방법은 자기 관찰에서 시작

☑ 자기 관찰에 기반한 목표수립

자기 조절의 핵심 기술 중의 하나가 '자기 관찰'이다. 대부분 사람들이 새로운 과제를 수행해야 할 때, 자주 하는 말이 있다.

"제가 그 일을 잘할 수 있을지 모르겠네요."

사람들은 스스로 목표를 설정할 수 있고 목표를 달성하기 위해 어떤 행동을 해야 할지, 어떤 방법을 찾아야 할지 머리로는 알지만 정작 자신이 그 목표를 달성할 수 있는지, 목표가 정말 자신이 원하는 것인지는 확신하지 못한다. 이 말은 "자기 자신을 제대로 잘 알기가 가장 어렵다."라는 말이기도 하다.

따라서 자신이 달성 가능한 목표 수립을 위해서 가장 먼저 할 일은 목표를 글로 적기 전에 자신의 행동을 관찰해서 자기를 제대로 아는 것이다. 만약 다이어트를 원한다면 바람직한 감량 목표를 정하고, 전문서적이나 전문가가 권하는 다이어트 방법이나 지침을 따르기보다 먼저 자신의 음식 먹는 습관을 면밀히 관찰하는 것이 좋다. 아침은 몇 시에 먹는지, 점심은 어떤 메뉴를 먹는지, 저녁은 무엇을 먹는지 관찰하고 평상시보다 많이 먹을 때가 언제인지 관찰하고 기록해야 한다. 그리고 자신이 왜 다이어트를 하고자 하는지 솔직한 이유를 알아야 한다. 자신의 관찰을 통한 자신의 행동이 이해가 되면 자연스럽게 자신에게 맞는 감량 목표나 자신의 식생활 개선목표와 방법이 생긴다.

커뮤니케이션 능력을 향상하고 싶다면 자신이 회사에서 어떻게 말하고 듣는지를 관찰하고 기록해야 한다. 회의 때 어떻게 소통하는지, 보고할 때 어떻게 행동하는지, 부하 직원들에게 칭찬을 많이 하는지 비난을 많이 하는지, 처음 말을 시작할 때 상대방의 기분을 좋게 만드는지, 차갑게 말하는지, 말을 하거나 들을 때 어떤 습관이 있는지를 관찰하고 기록해야 한다.

정확한 관찰에 기초해서 자신이 현재 하고 있는 행동을 정확히 알고 목표를 세워야 관념적인 목표가 아닌 현실적인 목표를 세울 수 있고 목표달성을 위한 구체적인 전략 수립을 제대로 할 수 있다. 목표수립과 변화는 그 목표를 수행할 자신에 대한 관찰과 기록을 통해, 자신을 정확히 아는 것에서부터 시작되어야 한다.

☑ 자신의 행동을 제삼자의 입장에서 모니터링하라

자기 관찰은 목표수립에만 필요한 것이 아니고 목표를 수행하는 과정 중에서도 자기 관찰이 필요하다. 예를 들어, 2kg을 다이어트한다는 현실적인 목표를 정했으면, 실천 과정을 스스로 모니터링하는 것이다. 식사 중에 스스로에게 질문을 해 본다. "내가 설정한 다이어트 기준에 맞추어서 정해진 식사를 하고 있는가?" 이렇게 스스로 자신을 관찰하면 덜 먹게 된다.

심리학 연구에 의하면, 남들과 함께 식사를 하거나 영화나 TV를 보면서 식사를 하면 혼자 먹을 때보다 많이 먹게 된다고 한다. 그 이유는 영화나 TV에 몰입하면 자신이 먹는 모습을 관찰할 수 없기 때문이다. 즉, 자신이 먹는 행동을 스스로 관찰하는 것만으로도 자신이 먹는 양이 조절된다.

다이어트뿐만 아니라 운동선수가 자신의 경기 모습을 제삼자를 관찰하듯이 관찰하고, 영업사원이 자신의 행동을 제삼자의 입장에서 관찰하면 자신이 목적에 맞게 행동하는지 조절하는 데 도움이 된다. 강사도 강의 중 자신이 말을 너무 많이 하는지, 과도하게 웃고 있는지, 주제에서 벗어나는지 스스로를 관찰함으로써 자기 조절을 할 수 있다.

자신의 모습을 제삼자의 입장에서 관찰하는 행동을 심리학에서는 '메타인지'라고 한다. 메타인지를 쉽게 설명하면, 내 위에서 '나의 수호천사'가 나의 행동을 관찰한다고 생각하면 된다. 주어진 목표와 자신의 기준에 맞게 자신이 제대로 행동하는지, 또 하나의 내

(수호천사)가 나의 행동을 관찰하는 것이다.

다른 사람의 실수를 보면서 반면교사로 삼듯이, 자기 자신의 모습을 관찰하면, 자신의 관찰된 모습이 자신의 선생이 된다. 어떤 목표를 달성하기 위해서는 목표에 맞게 자신이 행동하고 있는지 관찰하는 것에서부터 자기 조절이 시작된다.

우리는 달성하고 싶은 목표는 수립할 수 있지만 내 행동이 목표에 맞게 행동하는지 자신의 행동을 잘 보지 못한다. 나의 행동을 관찰하는 것은 의도적인 노력이 필요하다. 왜냐하면 우리의 눈이 주로 관찰하는 것은 자동적으로 외부 환경이기 때문이다. 그래서 바깥으로 향한 눈이라는 카메라의 방향을 돌려서 내 자신으로 향하게 해야만 자신의 행동을 볼 수 있다. 의도적인 자기 관찰을 효과적으로 할 수 있는 방법을 추천하면, 스스로에게 자주 질문을 하는 것이다.

"나는 지금 무엇을 하고 있지?" 또는 "나는 지금 목적에 맞는 행동을 하고 있는가?"

이렇게 스스로에게 질문하면, 내 영혼이 몸에서 빠져나와 목표에 맞게 행동하고 있는지 자신의 모습을 모니터링할 수 있다. 내가 지금 회의를 주관하고 있다면 스스로에게 질문을 해 보라. "나는 직원들을 동기부여하면서 말을 하고 있는가?" 그럼 또 하나의 내 (수호천사)가 나타나 회의하는 나를 관찰하게 될 것이다.

자기 조절은 자신의 위치 찾기

☑ 경험을 한 후 성찰의 시간 갖기

자기 조절의 첫 번째 기술이 자기 관찰이라면 두 번째 기술은 자기 평가이다. 자기 평가는 목표 추구활동이 끝난 후 자신을 돌아볼 시간을 갖는 것이다. 비즈니스 미팅이나 영업활동, 스포츠 경기가 끝난 뒤, 나의 행동을 뒤돌아보고 목표를 어느 정도 달성했는지, 목표달성 행동 중에 어떤 장점이 있고 어떤 점이 부족했는지를 생각하면서 '나를 되돌아보는 시간'을 갖는 것이다. 많은 사람이 성장과 발전을 위해서 직접 경험이 중요하다고 말한다. 물론 직접 경험도 중요하지만, 경험 후 스스로를 반성하고 자기 평가를 할 때 경험 이상으로 더 많이 배우고 성장할 수 있다.

축구스타 박지성도 어릴 때부터 축구 시합이 끝난 후, 매일 저녁 일기에 그날 경기의 잘된 점과 개선할 점을 기록했다. 그것이 성장에 많이 도움이 되었다고 말했다. 똑같은 경험을 해도 어떤 사람은 성장을 많이 하고, 어떤 사람은 같은 자리에 머무르는 것을 볼 수 있듯이, 성장의 속도에서 차이가 생기는 것은 경험을 하고 난 뒤 '자기 성찰'의 시간을 갖느냐, 가지지 않느냐 에 따라 많이 달라질 수 있다.

생활에서 쉽게 실천할 수 있는 '자기 성찰 방법'은 목표에 관련된 '업무 일기'를 적는 것이다. 하루 동안 목표달성과 관련한 실천 행동을 적고 자신을 되돌아보는 것이다. 축구, 다이어트, 독서, 어떤 것도 좋다. 목표가 있다면 목표 달성의 일기를 적는 것이다.

최고의 강사가 되고 싶다면 '최고의 강사 되기'란 일기를 작성하는 것도 좋은 방법이다. 하루가 끝날 때, 잠시 시간을 내어 최고의 강사가 되기 위해서 하루 동안 경험하고 배운 것을 간단히 적는 것이다. 이런 자기 성찰이 목표 달성을 이루게 한다. 많은 시간을 투자하지 않아도 된다. 단 5분이나 10분도 충분하다.

자기 평가, 자기 성찰은 자신을 질책하거나 문제점을 찾기보다 자신의 행동 관찰을 통해 긍정적인 측면과 개선점에 대한 자기 고찰을 하는 시간을 갖는 것이다. 목표 추구 활동이 끝난 후 객관적인 자기 성찰의 결과가 바로 내일의 목표 설정의 기초가 된다. 목표설정과 자기 성찰은 서로 이어지는 선순환적인 활동이다. 지금 기술하고 있는 내용이 일부 독자들은 너무 평범한 내용이라고 생각하지만 위대한 성취의 비결은 이런 평범한 사항의 실천에 있는 것 같다.

☑ 자신의 현재 위치 찾기를 위한 비교

일이나 연습이 끝난 후 동기유발을 위한 자기 평가를 할 때 누구와 비교하는가가 중요하다. 첫 번째는 나의 과거의 모습과 현재의 모습을 비교한다. 현재의 모습이 과거보다 발전하고 나아졌다고 생각하면 스스로에게 만족할 수 있다.

현재 최고, 최상의 수준이 아니더라도 어제보다 나아지는 것은 매우 중요하다. 장기적인 성장 측면에서 과거 자신의 모습과 비교하는 것은 좋은 방법이다. 내 몸무게가 지난 일주일과 비교해서 어떠한지, 내 강의 실력이 지난달, 작년과 비교해서 발전했는지, 나의 리더십은 성장하고 있는지 이런 자신의 과거의 모습과 비교를 통한 자기 평가는 자기 성장을 구체적으로 느끼게 해 준다.

두 번째는 다른 사람과 비교를 해 보는 것이다. 나의 동료, 내 주변에 가장 가까이 있는 사람과 비교하거나, 또는 한국 최고의 수준과 비교하거나 아니면 좀 크게 세계적 수준과 비교해 보는 것이다.

자신이 강사라면 자신의 강의 실력 수준을 회사 동료와도 비교할 수 있고, 한국 최고의 강사와 비교할 수도 있고, 세계 최고 수준의 강사와 비교해서 어떤 점이 부족한지 살펴볼 수도 있다. 이런 비교도 목표설정과 의욕을 높이는 데 도움이 된다.

새로운 길을 찾으려면 우선적으로 자신의 위치부터 찾아야 한다. 네이버나 구글에서 길 찾기 프로세스의 첫 번째 작업이 '자기 위치' 찾기이다. 자기 위치 찾기는 GPS를 이용한다. GPS를 통한 자기 위치 찾기는 세 개의 인공위성으로부터 자기 위치에 대한 피드백을 받아야만 자신의 현재 위치를 파악할 수 있다고 한다. 우리는 자신의 과거 모습과의 비교, 다른 동료와의 비교, 한국 최고와의 비교와 같은 세 가지 비교를 통해 자신의 객관적인 위치를 알 수 있다.

객관적인 비교가 중요한 이유는 누구와 비교하는가에 따라 동기수준이 달라지기 때문이다. 항상 나보다 못한 사람과 비교하면 발전이 없고, 너무 높은 수준과 비교하면 좌절감을 느낄 것이다. 객관적인 자신의 평가는 자기만족과 교만에 빠지지 않게 하며, 한편으로 자기비하에도 빠지지 않도록 하는 자기 조절 방법이다. 현실적인 자기 평가는 현실적인 자기 수용이자 자기에게 맞는 목표 수립의 근간이 된다.

정서적 반응 조절

운동, 음악, 세일즈, 강의 등에서, 목표달성 여부나 연습 결과에 대한 스스로 평가를 하면 일반적으로 정서반응이 동반된다. 목표를 달성했거나 결과가 좋으면 즐거움과 만족감을 느끼고 제대로 못했을 경우 실망감을 느끼고 기분이 나빠진다.

행동의 결과를 평가한 후, 나의 '감정적인 반응'에 따라 지금보다 더 높은 도전적인 목표를 설정할 수도 있고, 또는 자신의 목표를 포기하게 만들기도 한다. 목표를 지속적으로 추구하기 위해서는 자신의 행동을 평가 한 후, 부정적 정서반응보다 긍정적 정서반응을 하는 것이 좋다.

"오늘 강의를 해 보았는데 부족한 점이 너무 많았다."
"축구 경기에서 실수를 너무 많이 했다."
"시험을 보았는데 내 영어수준이 아직 낮은 단계야."

이런 결과에 대해 자신과 타인에게 너무 실망하거나 화를 내는 것 같은 부정적인 정서반응을 많이 하게 되면, 더 이상 일이나 연습을 하기가 싫어지고 포기하고 싶어진다. 자기 조절을 잘하는 사람은 수행 결과에 대한 평가가 나쁠 때도 자신을 격려하고 힘을 주면서 긍정적인 정서 반응을 하기 위해 노력한다. 예를 들어,

"다음에는 더 나아질 수 있어!"
"이번에는 실망스럽기는 하지만 지난번보다는 좋아졌어!"
"이번 경험을 통해 많이 배웠어. 아직 부족하지만 조금씩 좋아지고 있어!"

축구 경기에서 페널티 킥 실수를 하고 난 뒤에도 너무 의기소침하지 않고 파이팅 하면서 엄지를 올리면서 기운을 내야 한다. 이렇게 기운을 낸 사람은 다음에 분발해서 골을 넣을 수 있다. 평가는 객관적으로 하되, 그것에 대해 지나친 부정적인 감정을 갖거나 부정적인 정서반응을 하지 않으려고 노력하는 것이 '자기 조절'의 핵심이다.

자기 반응을 긍정적으로 하기 위해서는 여러 가지 스트레스 관리 기술이 필요하다. 가장 대표적인 정서조절 반응이 '긍정적 재해석'이다. 이 방법은 가장 간단하면서도 실용적이고 강력한 방법이다.

나의 정서(감정)는 많은 부분 객관적으로 발생하기보다 '인지적 해석'에 의존한다. 예를 들어, 지하철에서 누가 내 발을 밟아서 몹시 아팠다. 그래서 상대를 쳐다보았더니 문신을 한 조직 폭력배였다. 이런 상황에서는 내가 발을 밟히고도 두려움을 느낀다. 그런

데 발을 밟은 상대가 만만한 사람이면 화가 난다. 발을 밟히고 난 뒤 상황을 어떻게 해석하는가에 따라 내 감정의 종류는 달라질 수 있다.

이와 같은 원리로 정서조절의 방법으로 부정적인 결과에 대해 '인지적 해석'을 다시 해 보는 것이다. 가능하면 일어난 결과에 대해서 좋은 점을 찾거나 배울 수 있는 점을 찾는 것이다. 예를 들어, 오늘 강의에서 교육생들의 반응이 나빴다면, 바로 부정적인 정서 반응을 하기보다, 이 상황에서 무엇을 배웠는지 한번 생각해 보고, 강의 반응이 나쁘게 나온 결과를 다른 각도에서 바라보면서 긍정적인 측면을 발견하려고 노력하는 것이다.

"오늘 반응은 나쁘지만 그래도 담당자가 다음 차수 강의를 취소시키지 않아서 다행이야. 다음에 회복할 기회가 있겠네."

부정적인 상황을 가능한 긍정적 방향으로 해석하고 난 뒤, 다음과 같은 자신을 격려하는 말로 자신감을 북돋운다.

"오늘 많이 배웠어!",
"오늘 힘들었지만 멋진 도전을 한 거야!"

이런 긍정적인 재해석을 통해서 자신을 격려하는 말로 감정을 조절하는 것이다. 세상에서 일어나는 일은 100% 나쁜 일은 없다. 그렇지만 감정은 "60%만 나빠도 전체가 나쁘다."라고 반응하기 쉽다. 그럴 때, 인지적 재해석을 통해 긍정적인 부분을 많이 생각하고 긍정적인 감정 반응을 하려고 노력하면 새로운 도전의 힘이 생기고 의욕이 올라갈 수 있다.

유혹을 다루는 자기 조절 방법

☑ 구체적으로 일어날 일을 상상하기

목표를 달성하는 과정에는 언제나 유혹이 밀려온다. 시험공부를 하고 있으면 놀자고 연락이 많이 온다. 콘서트에 같이 가자는 친구, 등산을 같이 가자는 친구, 술 마시자는 친구가 나타나고 또 회사에서 중요한 프로젝트를 위해 남아서 일을 하고 있으면, 모임에 오라는 곳이 많다. 다이어트 목표를 세우면 왜 그렇게 회식은 많고, 맛있는 음식을 먹을 기회가 많아지는지 모르겠다.

목표를 설정하면 목표달성을 방해하는 유혹 또한 신기하게 많아진다. 따라서 목표를 달성하려면 유혹을 잘 견뎌 내야 한다. 여기에서 유혹을 잘 견뎌 내는 방법에 대해서 살펴본다.

유혹을 극복하는 첫 번째 방법은, 유혹이 올 때 바로 반응하거나 행동하지 말고 유혹을 받아들였을 때 일어날 수 있는 모든 가능한 일을 구체적으로 미리 생각하는 것이다.

예를 들어, 기말 리포트를 쓰고 있는데 친구가 주말에 등산을 가자고 말한다. 물론 등산을 가면 기분도 전환될 것이고 서너 시간

등산을 한다고 해서 리포트를 작성하는 데 큰 방해가 될 것 같지는 않다.

그러나 유혹을 잘 다루기 위해서는 유혹이 온 순간 바로 "등산을 가겠다."라고 약속하지 말고, 조금 생각하고 대답을 하겠다고 말해야 한다. 그리고 좀 더 구체적으로 등산을 했을 때 일어날 수 있는 일을 생각해 본다. 등산이 끝나고 과연 바로 집에 올 수 있을 것인가? 분명히 산에 내려와서 파전에 막걸리 한잔을 할 것이다. 과연 등산으로 땀 흘리고 난 뒤, 이 유혹을 과연 거부할 수 있을 것인가 생각해 보아야 한다.

또한 막걸리 한두 잔으로 과연 자신이 만족할 수 있는 사람인가도 생각해 보아야 한다. 등산을 갔을 때 일어날 수 있는 이런저런 일을 구체적으로 미리 생각해 보면, 결국 등산을 가겠다고 결정할 경우, 저녁 늦게까지 술을 마시게 되어 그 다음날 숙취로 괴로울 것이고 기한 내 리포트를 작성할 수 없게 될 것이다.

유혹에 굴복하는 이유 중 하나는 다음에 일어날 일을 구체적으로 자세히 생각하지 않고 바로 행동하는 것이다. 대부분의 주당들이 술을 마실 때 외치는 구호가 있다. "내일은 없는 거야! 내일을 생각하지 마!"

내일을 생각하지 않으면 자기를 조절할 필요가 없어지니 마음껏 마시고 취할 수 있다. 유혹을 받았을 때 바로 반응하지 않고 구체적으로 미래에 일어날 일을 생각하는 것이 자기 조절을 하는 한 가지 방법이다. 따라서 유혹을 이기는 말은 바로 반응하지 말고 "생각해 보고 얘기해 줄게."이다.

☑ 신체적 에너지가 떨어지면 의지가 약해진다

유혹에 저항하는 것은 의지력만으로 되지 않는다. 신체적, 정신적 에너지가 부족하면, 유혹을 극복하고자 하는 의지가 약해져 유혹에 넘어가기 쉽다. 이런 신체적, 정신적 에너지가 고갈된 상태를 심리학에서는 '자아결핍'이라고 한다.

잠을 잘 자고 난 뒤 신체 에너지가 넘칠 때는 의지가 강해 유혹에 잘 넘어가지 않는다. 그래서 아침 시간은 대개 자기 조절이 잘 된다. 아침에는 음식조절도 잘 되고 웬만한 유혹에 잘 넘어가지 않는다. 그래서 아침 시간에는 머리가 맑고 의지가 강하다. 아침에는 모든 사람이 다이어트도 가능하고, 술도 끊을 수 있다고 생각한다.

그러나 오후에 피로가 쌓이고 신체적, 정신적 에너지가 떨어지기 시작하면 작은 것에도 화가 나고 맛있는 것이 눈앞에 있으면 다이어트 결심은 잊어버리고 많이 먹게 된다. 아침 출근 때는 퇴근 후에 헬스장에 가겠다고 결심한 마음도 저녁이 되면 서서히 약해져 친구의 술 마시자는 유혹에 쉽게 넘어간다.

이 문제를 심리학자들이 실험적 패러다임으로 조사했는데, 자기 조절 능력이 떨어져 유혹에 약해지는 현상을 '자기 조절 에너지'를 너무 많이 사용해서 생기는 피로감으로 보았다.

심리학자들은 의지가 약해지는 '자아결핍' 현상을 의지적 행위, 즉 주변 환경을 통제하고, 자기 절제를 하고, 어려운 의사결정을 하고, 힘든 과제를 수행을 많이 한 후 생기는 '자기 조절 능력의 일시적 감소' 현상이라고 정의했다.

이 정의에 따르면 자기 조절의 실패는 분명히 이전에 행한 '의지를 많이 사용하는 행동'과 관련이 있다는 것이다. 심리학자는 피험자를 두 집단으로 나누어, 대기 시간 동안 한 집단은 초콜릿을 옆에 두고 먹지 않고 장시간 참도록 하고, 다른 집단은 먹고 싶으면 먹도록 자유로운 시간을 준 뒤, 두 집단에게 수학 문제를 풀도록 했다.

실험결과 사전에 초콜릿을 못 먹게 억제한 집단보다, 욕구의 억제를 받지 않은 집단이 수학 문제를 더 잘 풀었다. 억제 집단은 자신의 욕구를 억제하는 데 많은 에너지를 사용했기 때문에 막상 수학문제를 푸는 데 에너지가 부족했다고 볼 수 있다

연구자들은 이 연구가 의지력에는 '물리적 한계'가 있다는 것을 분명하게 보여 주는 증거라고 주장한다. 이것은 자기 조절은 본질적으로 단순히 '합리적 선택'이 아니라 '에너지를 필요로 하는 역동적 과정'임을 의미한다.

왜 사람들이 하루를 잘 참다가 하루 끝 무렵에 유혹에 굴복하고 마는지를 설명하는 데 도움이 되는 이론이다. 아마도 자신의 욕구를 통제하고 억압하고, 중요한 결정을 하고, 힘든 일을 하는 데 에너지를 모두 소모시켜 신체 에너지가 고갈되었기 때문에 자기 조절 의지가 약해진 것이다.

따라서 유혹을 잘 견뎌 내고 목표에 에너지를 지속적이고 장기적으로 집중하고 싶다면 일만 계속하기보다 일하는 중간에 가끔씩 쉬면서 에너지를 축적하는 것도 한 방법이다.

시험공부를 하거나 장기 프로젝트를 하는 사람들이 피로가 쌓이

고 에너지가 떨어질 때, 친구가 술을 마시자고 하면 거절하지 못하고 모임에 나가 술을 엄청 많이 마시게 되어 다음 날 하루를 망가뜨리는 경우가 종종 있다.

자기 조절을 잘하기 위해서는 자신의 감정이나 생각을 너무 억제하거나 통제하기보다 에너지가 부족할 때는 휴식을 통해 에너지를 채워 넣어야 한다. 에너지가 부족하면 의지도 일시적으로 약해지고 유혹에도 약해지기 때문이다.

실천을 위한 Tip

자기 조절 스킬

☑ 성공과 성취를 위해서 자기 조절 기술이 필요합니다. 여러분의 자기 조절 기술을 평가해 보세요. 평가해 보고 낮은 점수가 나오면 해당 스킬 향상에 조금 더 관심 가져 보세요.

항목	상, 중, 하
[자기 관찰 및 모니터링 기술] • 자신의 행동을 제삼자의 입장에서 모니터링하는가?	
[자기 성찰 및 현재 위치 파악 기술] • 어떤 경험을 하고 난 뒤, 자신을 돌아보고 반성하는 시간을 갖는가? • 자신의 객관적인 위치를 파악하기 위해 자신의 모습을 세 가지의 비교 질문을 통해 자주 하는가?(과거와 비교, 동료와 비교, 최고 수준과 비교)	
[정서적 반응 조절 기술] • 실패하거나 뜻대로 되지 않을 때 부정적인 정서 반응(표현)을 줄이기 위해 노력하는가?	
[유혹을 다루는 기술] • 외부 유혹에 바로 반응하지 않고 미래 일어날 일을 구체적으로 생각하고 결정하는가? • 신체적 에너지와 감정적 에너지가 지치지 않도록 관리하는가?	

직장에서의 동기심리학 실천법

책을 다 읽고 난 뒤, "그래서 어떻게 실천하라고?" 말씀하실 분도 있을 것 같다. 필자는 기업교육 강사로서, 강의 중에 강의한 내용을 마지막 시간 끝날 때 한 번 더 요약정리를 해 준다. 요약정리를 해 주는 목적은 중요한 것을 잘 기억하고 실천을 도와주기 위한 것이다.

동기심리학을 매일 사용할 수 있는 실천적 방법 중 중요하다고 생각한 것 다섯 가지를 정리한다.

동기심리학 실천 1
자신만의 '자극 설계 시간'을 갖는다

첫 번째 실천방법으로 매일 스스로 동기부여를 위해 '자극을 설계하는 시간'을 갖는 것이 좋다. 스스로 동기를 부여하기 위해서 학생이면 책상에 앉자마자 바로 공부를 시작하지 말고, 직장인이면 출근하자마자 바로 일을 시작하지 말고 자기만의 동기부여를 위한 '자극 설계 시간'을 가지는 것이 높은 동기 행동에 좋다

강남의 스타강사는 매일 영어 수업 시간 두 시간 중, 20분 이상을 왜 영어공부를 해야 하는지, 영어를 잘하면 미래의 꿈의 달성에 어떤 도움이 되는지 동기부여를 하고 난 뒤, 영어수업을 한다고 한다.

매일 10~20분 정도 스스로 삶과 일에 대해 동기부여를 위한 자극 설계 시간을 갖는 것이 좋다. 스스로에게 어떤 동기적 자극을 주는 시간을 갖는 것이다. 본론에서도 다루었듯이 동기는 매일 자극을 주어야 자란다.

필자의 실천방법을 소개하면 출근하여 일을 시작하기 전에 10~20분 정도 셀프 동기부여 시간을 갖는다. 업무 노트를 펴고 나의 꿈과 목표를 적고 나를 동기부여하는 문장들을 매일 적는다.

"나는 앞으로 30년 이상 지속 발전하는 회사를 운영하고 싶다."
"75세까지 마라톤과 등산을 하고 싶다."
"죽기 전까지 20권의 책을 쓰고 싶다."
"직장인이 쉽게 공부할 수 있는 심리학 아카데미를 만들고 싶다."

이런 장기 목표 기술 이외에도 스스로 동기부여할 수 있는 관심사, 주제 그리고 단기 목표를 적는다. 그리고 퇴근 후에 가질 수 있는 작은 즐거움도 노트에 매일 적는다. 동기부여가 끝난 후, 업무

노트에 오전에 해야 할 일과 오후에 해야 할 일을 적는다. 이런 방식으로 '동기 워밍업 시간'을 갖고 난 뒤 업무를 시작한다.

동기를 불러일으키는 자극은 매일 계획을 세우고, 매일 반복적으로 자극을 주는 것이 좋다. 누가 나에게 동기를 부여해 주기를 기다리는 것이 아니라 스스로 동기를 자극하는 시간을 규칙적으로 갖는 것이 동기근육을 키우는 방법이다.

동기심리학 실천 2
자신과 타인에게 선택권을 준다

선택권, 자율권은 동기를 높인다고 5부에서 적었다. 실천 방법은 매일 선택권을 확인하는 것이다. 회사에 출근하면서 "내가 회사에 가는 것을 선택하지 않으면 지금 무엇을 하지?"라고 스스로에게 물어본다.

해야 할 일을 자동적, 습관적으로 하지 않고 항상 나 자신에게 어떤 선택을 할 수 있는지 자주 물어본다. "이것을 하지 않고 다른 것을 하면 어떻게 되지?" 하고 스스로에게 물어봄으로써 자신의 자율성을 확인할 수 있다.

매주 일요일 산에 가는 편이지만, 산에 갈 때마다 스스로에게 묻는다. "오늘 산에 가지 않으면 집에서 무엇을 할까?" 산에 가는 것이 항상 최고의 선택이라는 생각이 들고 주말마다 자율적으로 산에 가게 된다.

선택권을 확인하는 방법은 매번 어떤 일을 자동적으로, 습관적으로 하지 않고, 스스로에게 질문하는 것이다. 그 방법은 '지금 이것을 하지 않으면 무엇을 할까?'와 같이 나의 선택권을 스스로에게 물어보는 것이다.

사람들은 자신이 원해서 행동하거나, 자신에게 이득이 되어 행동하면서도 부모 때문에, 상사 때문에, 친구 때문에 마지못해서 한다고 생각한다. 이렇게 생각하면 동기가 떨어진다. 가만히 생각해 보면 어떤 결정도, 좋은 점과 나쁜 점을 감안해서 자신이 선택한 것이다. 100% 마음에 들어서 하는 일은 없다. 원하는 일도 속을 들여다보면 싫은 부분도 많다. 그러나 좋은 점이 나쁜 점보다 더 많아서 이것을 선택한 것이다.

자신의 행동이 자신의 의지로 선택한 것임을 명확히 알 때, 인생이 적극적으로 되고 삶의 의미를 제대로 알 수 있다. 우리는 완벽한 삶을 살 수 없다. 어떤 인생이든지 완벽하지 않고 불만이 많다. 그런데 자신의 삶이 본인의 선택이 아닌, 타인에 의해 움직여지는 인생을 살고 있다고 생각하면 남을 비난하고 핑계를 대기 쉽다. 그런 삶은 적극적인 삶이 아니고 수동적인 삶이다.

지금 내키지 않은 싫은 일을 하는 것도 엄밀히 따져 보면, 더 나쁜 일과 비교해서 지금 자신에게 덜 나쁜 것을 선택한 것일지도 모른다. 지금 손해를 보고 있는 행동도 미래에 더 좋은 것을 기대하면서 선택한 행동일 수 있다. 어떤 것이든 내가 스스로 선택했다는 사실을 인지할 때 동기가 더 높아진다.

마찬가지로 타인을 동기부여할 때도 강요하지 말고 상대에게 선택의 여지가 있고 선택의 결과에 대해 책임을 져야 한다는 것을 분명하게 말해야 한다. 물론 상대에게 100% 선택권을 줄 수 없겠지만 동기를 부여하고 싶다면 선택권을 어느 정도 허용해야 한다. 선택권이 없어지면 남 탓을 하게 되고 의욕이 떨어지기 때문이다. 자율성을 올리는 실천방법은 매번 자신과 타인에게 스스로 선택권을 주고 그 선택권을 확인하는 것이다.

동기심리학 실천 3
유능감은 연습의 결과이다

동기의 근원은 유능감이다. 본론에서 다루었듯이 자신이 유능하다고 생각하면 도전적이고 의욕이 증가되고 본인이 무능하다고 생각하면 소극적인 태도를 갖게 될 것이다. 유능감 발달이론은 '실체이론'과 '증가이론'이 있다. 내 능력이 타고난 것이라고 생각하는 실체이론을 갖고 있는 것보다, 능력은 노력의 산물이라고 생각하는 증가이론을 갖고 있으면, 능력을 개발하기 위해 더 많이 연습하고 노력할 것이다.

직장 생활을 하다 보면 못하는 일, 어려운 일도 많고 그런 일 속에서 스스로 무능감을 느낄 때도 종종 있다. 예를 들어, 컴퓨터 스킬이 매우 부족한 CS강사가 있다. 이 강사는 강의 자료를 만들 때 동영상 편집을 못해 매번 다른 사람에게 부탁한다. 그럴 때마다 "나는 컴퓨터를 잘 다루지 못해." "나는 기계치야." "나는 컴퓨터를 배워도 소질이 없고 발전이 없어." 이렇게 말한다. 어떤 사람은 컴퓨터에서 무능감을 느끼고, 어떤 사람은 운동에서, 어떤 사람은 노래에서 무능감을 느낄 것이다. 이럴 때 자신의 유능감을 올리는 방법은 '모든 재능과 실력은 타고난 것이 아니라 연습의 양에 의해 좌우된다'는 생각을 갖는 것이다.

앞에서 언급한 강사는 타고난 컴퓨터 능력이 없는 것이 아니라 지금까지 다른 사람보다 컴퓨터를 연습한 시간의 총량이 부족했던 것이다. "매일 연습하면 컴퓨터 다루는 능력이 증가할 것이다."라는 증가이론을 갖고 노력을 하면 유능감이 증가할 것이다.

필자는 카메라 앞에 서면 두려움 때문에 몸이 경직되고 긴장이 높아진다. 실제 방송에 출연했다가 스스로에게 많이 실망한 아픈 과거도 있다. 그래서 지금까지 동영상 강의나 카메라 촬영을 매우 두려워했다. 요즘 유튜브 강의가 대세라고 한다. 이에 따라 필자가 느낀 동영상 강의에 대한 무능감을 연습을 통해 유능감으로 바꾸려고 마음먹었다.

예상대로 처음 카메라 앞에서 강의를 해 보니 긴장이 많이 되고 녹화한 내용도 너무 마음에 들지 않았다. 그러나 '능력은 연습이다.'라고 생각하며 대본을 꼼꼼하게 쓰고 여러 번 읽고 찍어 보았다. 필자의 성격상 이런 반복 작업을 매우 싫어하지만, 그래도 촬영의 횟수가 증가할수록 조금씩 나아지고 자신감이 생겼다. 카메라 앞에서 무능감이 유능감으로 조금씩 바뀌기 시작했다. 무엇이든 할 때마다 조금씩 좋아진다. 물론 다른 사람과 비교하면 여전히 못하지만 과거 자신의 모습과 비교하면 발전하고 있다. 연습과 노력의 양이 유능감을 발전시킨다.

스스로 재능이 없어서, 소질이 없어서 무엇을 못한다는 생각은 자신의 동기의 씨앗을 자른다. '재능은 연습의 양'의 결과라고 생각해 보자. 뭔가 능력을 올리고 싶은 주제가 있다면 그 부분에 대해 매일 학습하고 연습을 하면 유능감이 증대되고, 삶 전체에 대한 의욕도 증가될 것이다

동기심리학 실천 4
자기 관찰과 자기 조절하기

자기 조절은 목표달성의 핵심 요소이다. 앞에서 다루었듯이 자기 조절의 구성요소는 자기 관찰과 자기 평가 그리고 감정 반응을 조절하는 것이다. 이 세 가지 요소를 매일 조절하기 위해 노력하면 자기 조절도 잘 되고 동기도 올라갈 것이다.

첫 번째 자기 조절의 실천은 자기 관찰이다. 신체의 모든 감각이 외부로 향하고 있기 때문에 타인과 환경을 관찰하는 것은 쉬우나 스스로 자신을 관찰하는 것은 어렵다. 그래서 자기 관찰은 자연스럽게 이루어지는 것이 아니고 의지를 갖고 스스로를 관찰하려고 노력해야 이루어진다.

자기 관찰의 좋은 방법은 스스로에게 "나는 지금 무엇을 하고 있지?"라고 질문을 하는 것이다. 이 질문을 하면 뇌는 외부로 보는 시선을 자신으로 방향을 옮겨 자신의 행동을 바라보게 된다. 자주 질

문할수록 자주 자신을 관찰하게 된다.

"나는 지금 무엇을 하고 있지?" "지금 하고 있는 행동이 내 목표에 맞는 행동을 하고 있나?" 내가 부하 직원과 대화를 하고 있다면, "내 말이 지금 직원을 동기부여하고 있는가? 동기를 떨어뜨리고 있는가?" 이런 질문들이 스스로 자신을 관찰하는 방법이다. 이런 질문을 생활 속에 습관화한다면 자기 관찰 습관이 자연스럽게 생길 것이다.

두 번째 자기 조절의 실천은 자기 성찰, 자기반성이다. 자기 성찰은 직장인이라면 매일 퇴근 전이나 취침 전에 실천하면 좋을 것 같다. 퇴근 전 10~20분 정도, 자신이 하루 설정한 목표와, 한 일을 되돌아보고 목표를 얼마만큼 달성했는지 살펴보는 것이다. 그리고 앞으로 무엇을 더 해야 하고, 무엇을 개선해야 하는지 되돌아보는 행동을 매일 규칙적으로 하면 목표달성에 더 가까이 갈 수 있다.

누구나 매일 비슷한 일, 비슷한 경험, 비슷한 교육을 받지만 나중에 목표달성과 실력이 달라지는 것은 자기 성찰의 시간을 갖는가의 차이에 있다.

세 번째 실천방법은 감정의 반응 조절이다. 일이 뜻대로 잘 될 수도 있고 실패하고 좌절할 수 있다. 일의 결과가 좋으면 의욕이 생긴다. 그러나 모든 일이 자신의 뜻대로 잘 될 수는 없다.

뭔가 뜻대로 안 되고 어려움이 생기면 부정적인 감정이 생긴다. 부정적인 감정이 생기면 의욕이 떨어지고 포기할 수 있다. 그래서 실패나 어려운 일을 겪은 후 부정적인 감정 반응을 조절하는 것이 동기유발에 매우 중요하다.

우리는 삶의 현장에서 실수하거나 잘못된 일이 벌어지고 예상치 않은 불행한 일이 생기더라도 동기를 올리기 위해서는 파이팅을 외치면서 긍정적인 감정을 가지려고 노력해야 한다.

실패와 패배로 슬픔과 위로의 시간이 필요하겠지만, 가능하면 부정적인 감정 반응보다 긍정적인 감정의 반응(표현)을 많이 하는 것이 자신과 타인의 동기유발에 더 많은 도움이 된다.

동기심리학 실천 5
자신의 다양한 잠재적 역할을 인식한다

자신에 대한 지식이 많을수록 동기가 높아진다. 사람들은 자신이 생각하는 것보다 더 많은 잠재적 능력이 있고 많은 역할을 할 수 있다는 사실을 잊어버리고 현재 하고 있는 한두 가지 업무 역할만 할 수 있다고 생각하기 쉽다.

예를 들어, 고등학생 시절 문예반에서 활동했고, 대학교 시절 학생회 부회장을 했으며, 대학생 PT 대회 수상 경험도 있고, 신입사원 입사 때는 동기회 대표를 한 직원이 있다. 그는 직장에 입사할 때 임원이 되고 퇴사 후, 자신만의 사업을 창업할 꿈을 갖고 있었다.

하지만 입사한 지 10년이 지난 후 구매과장으로 일하고 있는 김 과장은 지금 본인이 하고 있는 구매과장의 역할이 자신의 할 수 있는 일의 전부인 줄 알고 일한다. 부장이 김 과장에게 신규 프로젝트 팀장을 맡으라고 말하자, 김 과장은 "자신이 현재 하는 일이 많아서 힘들 것 같다."라고 말한다. 부장은 김 과장이 소극적이라고 질책을 했다. 그 말을 들은 김 과장은 마음이 불안해지면서 자신이 회사에서 불이익을 당하지 않을까 걱정한다.

자신이 과거에 리더 역할을 좋아했고, 새로운 도전을 좋아했는데, 현재 구매과장의 역할 속에 매몰되어 자신이 진짜 무엇을 원하고 할 수 있는지 잊어버린 것이다. 그래서 자신이 미래에 사장의 역할까지 할 수 있는 가능성이 있는 인물임에도 불구하고 현재 과장 자리를 잃을까 걱정을 하게 된다.

자신의 현재 하고 있는 역할로 자신을 좁게 한정하지 않고, 미래에 할 수 있는 자신의 잠재적 가능 역할(미래 가능한 역할)을 많이 알게 되면 동기가 올라간다. 영화 〈아더왕〉에서 아더가 동네 불량배의 삶을 살다가, 자신이 왜 왕의 역할을 해야 하는지를 알게 된 후 엄청난 용기와 열정을 갖고 왕이 되려고 노력하듯이 자신의 미래 역할을 제대로 아는 것이 진정한 동기부여이다.

김 과장은 스스로 동기유발을 위해서 자신이 현재 하고 있는 역할뿐만 아니라, 과거의 고등학교 시절, 대학 시절, 잘했던 경험과 그리고 미래의 꿈을 바탕으로 자신의 가능한 '잠재적 가능 역할'을 많이 만들어야 한다. 예를 들면, 고등학교 시절 문예반 활동 경험, 대학생 PT 수상 경험, 동기회 회장 경험을 바탕으로 자신의 미래 가능 역할을 다시 정의하면 김 과장은 작가, 강사, CEO(리더)로 잠재적 역할을 넓게 정의할 수 있다.

자신이 한두 가지 역할만 할 수 있다고 생각하면 자신의 능력을 충분히 잘 발휘하지 못한다. 왜냐하면 사람들은 자신의 역할이 아니라고 생각하는 일을 맡으면 의욕이 떨어지기 때문이다.

동기심리학 이론에 의하면 자신이 할 수 있는 역할을 세분화하고 다양하게 정의할수록 의욕이 높아진다고 한다. 김 과장의 경우에도 잠재적 가능 역할을 넓고 다양하게 정의하면, 부장이 시킨 새로운 프로젝트를 자신의 역할 중 하나인, CEO(리더)가 될 좋은 기회로 생각하고 받아들였을 것이다

직장에서 대리, 과장 같은 직급의 역할 또는 구매담당, 교육담당과 같은 담당 업무 역할에 매몰되면 자신의 능력을 제한해서 의욕이 떨어질 수 있다. 자신이 과거에 잘한 일 그리고 미래의 꿈을 기초로, 할 수 있는 잠재적 역할을 다양하게 정의한 사람일수록 현재의 역할에 한정되지 않고 넓게 생각할 수 있고, '회사에서 잘리면 어떡하지? 현재 자기 역할이 없어지면 어떡하지?' 하는 심리적 불안도 줄어든다.

엄청난 기능을 갖춘 스마트폰을 전화와 문자를 보내는 제한된 역할로만 평생 사용하는 사람이 있듯이, 자신이 가진 다양한 잠재적 능력과 역할을 모르거나 잊어버리고 사는 사람도 많다. 자신이 할 수 있는 가능 역할을 더 많이 알게 될수록 의욕과 열정을 높일 수 있을 것이다. 우리는 생각보다 많은 역할을 수행할 수 있는 잠재적 가능성이 높은 존재이다.

도흥찬(Do Hungchan)

기업교육전문회사 '러너코리아(www.learnerkorea.com)'의 대표이사이자 대학의 겸임교수, 칼럼리스트, 자기개발서 저자, 유튜브 크리에이터, 기업체 전문강사로 활동하고 있다.

연세대학교 심리학과에서 학사, 석사, 박사 수료를 하였다. 삼성인력개발원, 삼성전자, 한국코카콜라보틀링에서 인력개발업무를 하였으며, 2000년에 기업교육전문회사 러너코리아를 창업하여 현재까지 운영하고 있다.

회사를 운영하면서 명지대학교 사회교육대학원 평생교육학과에서 겸임교수로 10년간 〈성격심리학〉〈정서심리학〉〈동기심리학〉 등을 강의하였으며, 기업체 출강도 병행하면서 심리학 관련 강의활동도 활발하게 하고 있다.

저서로는 『선택의 심리학』(좋은책만들기, 2008), 『굿바이 잡 스트레스』(타임스퀘어, 2008) 등이 있으며, 역서로는 『성격을 알면 성공이 보인다』(중앙 M&B, 2003), 『설득의 스토리텔링』(생각비행, 2011) 등이 있다.

기업체 비즈니스맨과 심리학 전공자가 아닌 일반인들이 심리학을 쉽게 이해하여 삶의 현장에서 많이 활용할 수 있도록 가교 역할을 하는 것이 인생 목표이며, 그 일환으로 유튜브에 '러너코리아 5분 TV'를 만들어 〈성격심리〉와 〈동기심리학〉을 강의하면서 대중과 소통하고 있다.

리더가 꼭 알아야 할
동기심리학
Motivation Psychology

2019년 7월 25일 1판 1쇄 인쇄
2019년 7월 30일 1판 1쇄 발행

지은이 • 도흥찬
펴낸이 • 김진환
펴낸곳 • (주) **학지사**
            04031 서울특별시 마포구 양화로 15길 20 마인드월드빌딩
대표전화 • 02)330-5114   팩스 • 02)324-2345
등록번호 • 제313-2006-000265호

홈페이지 • http://www.hakjisa.co.kr
페이스북 • https://www.facebook.com/hakjisa

ISBN 978-89-997-1860-1 03180

정가 13,000원

이 도서의 국립중앙도서관 출판시도서목록(CIP)은 서지정보유통지
원시스템 홈페이지(http://seoji.nl.go.kr)와 국가자료공동목록시스템
(http://www.nl.go.kr/kolisnet)에서 이용하실 수 있습니다.
(CIP 제어번호: CIP2019026748)

출판 · 교육 · 미디어기업 **학지사**
간호보건의학출판 **학지사메디컬** www.hakjisamd.co.kr
심리검사연구소 **인싸이트** www.inpsyt.co.kr
학술논문서비스 **뉴논문** www.newnonmun.com
원격교육연수원 **카운피아** www.counpia.com